KB133915

기업의 벽

SHIGOTO NO NAYAMI O ANOTE KONOTE DE KAIKETSU SURU!
SEKAI SAIKOHO CEO 43NIN NO MONDAI KAIKETSU JUTSU
© Ieruya Kuwabara 2023

First published in Japan in 2023 by KADOKAWA CORPORATION, Tokyo.
Korean translation rights arranged with KADOKAWA CORPORATION, Tokyo
through Danny Hong Agency.

기업의 벽

초판 1쇄 발행   2023년 12월 15일

지은이   구와바라 데루야
옮긴이   김지예

편집   이용혁
디자인   이재호

펴낸이   이경민
펴낸곳   ㈜동아엠앤비
출판등록   2014년 3월 28일(제25100-2014-000025호)
주소   (03972) 서울특별시 마포구 월드컵북로22길 21, 2층
홈페이지   www.dongamnb.com
전화   (편집) 02-392-6901   (마케팅) 02-392-6900
팩스   02-392-6902
SNS   🅕 🄾 blog
전자우편   damnb0401@naver.com

ISBN   979-11-6363-746-2 (03320)

※ 책 가격은 뒤표지에 있습니다.
※ 잘못된 책은 구입한 곳에서 바꿔 드립니다.
※ 본문에서 책 제목은「 」, 논문, 보고서는「 」, 잡지나 일간지 등은《 》로 구분하였습니다.

43인의 글로벌 CEO가 들려주는 문제 해결법

기업의 벽

世界最高峰CEO 43人の
問題解決術

구와바라 데루야 지음
강지예 옮김

동아엠앤비

"해결책은 의외로 단순할 수 있다"

필자가 애플 창업자 스티브 잡스를 시작으로 미국 기업가들에게 관심을 가지게 된 지 20년 가까이 되었습니다. 저는 유명한 기업가들과 최고 경영 책임자(CEO)라고 하는 사람들을 연구하는 데 많은 시간을 할애했습니다. 누구나 알 법한 CEO들이 이끄는 기업은 이제는 대기업이 되었으며 경영자로도 크게 성공했지만, 창업 이야기를 들어보면 고독한 싸움이자 고생의 연속이었습니다.

그중에는 '이런 상태에서 대체 어떻게 시작했을까'라는 생각이 들 정도로 무리하게 시작한 기업가들도 있습니다. 그리고 시작은 좋았지만 '살아남거나 도산하거나'하는 벼랑 끝까지 내몰린 상황에서 선택을 해야 하는 경우도 있었습니다. 만약 그때 선택을 잘못했거나 '안 되겠다'라며 포기했다면 지금과 같은 대기업은 존재하지 않았을 것입니다. 이러한 상황은 거의 모든 기업가들이 경험한 일입니다. 반면에 보통 낙담해서 중도 하차할 법한 일을 반전시켜 큰 성공을 거둔 기업가들도 있습니다.

　재미있는 점은 그러한 기업가들이 성인군자나 천재(실제로는 천재도 많이 있지만) 또는 유복한 환경에서 성장한 사람들만 있는 것이 아니었습니다. 그들은 세련됨과는 거리가 멀게도 자신과 자신 곁에서 일하는 동료와 동일한 고민을 하고, 벽에 부딪히고, 막다른 곳에 맞닥뜨리고, 고뇌하기도 했습니다. 당연한 말이지만 전 세계에 이름을 알린 CEO 역시도 인간인 것입니다.

　흔히 인생은 선택의 연속이라고 말합니다. 이것은 기업가들뿐만 아니라 매일 일을 하거나 인생을 살아가는 우리 모두에게도 적용되는 이야기입니다. 이 책에서는 '여러분이라면 이러한 상황에서 어떻게 행동할지' 생각해 볼 수 있도록 모든 항목에 질문을 포함시켰습니다.

　특히 2020년에 시작한 팬데믹 사태 이후, 학교나 직장에서 온라인 수업 또는 재택근무가 증가해 사람들과의 교류가 줄어든 분도 많을 것입니다. 2년제 전문대에서는 입학부터 졸업까지 동기들과 거의 얼굴을 마주친 적 없이 졸업한 분도 많습니다. 그리고 원래라면 상사나 선배들과의 관계가 정말 중요한 신입사원들 역시 그들과 거의 얼굴을 마주할 기회가 없었던 것이 현실입니다.

　변혁 또는 문제 해결을 위해서는 사람들끼리 교류를 하는 것이 중요하다고들 합니다. 생각이 떠올랐을 때나 벽에 부딪혔을 때, 옆에 있는 사람과 이야기하거나 상담을 받기도 하고, 가벼운 대화를 나누면서 해결 방법이나 아이디어를 떠올릴 수도 있습니다. 그리고 '이건 가능성이 있다'라는 다른 사람들의 한 마디 말이 앞으로 나아갈 힘을 부여하기도 합니다.

그런 의미에서 팬데믹 시기의 온라인 수업이나 재택근무는 이러한 기회를 빼앗음과 동시에 업무나 인생에 대한 고민을 느낄 때 마음 편히 상의할 수 있는 기회를 박탈한 것인지도 모르겠습니다. 다행히 지금은 그런 상황이 끝나가고 있으며, 앞으로는 온라인상의 대인 관계가 더욱 발전하고 오프라인 대인 관계 역시 다시 활발해지기를 바랍니다.

가까운 사람과 경험을 공유하거나 마음 편히 의논할 수 있는 환경보다 더 나은 것은 없겠지만 만약 혼자 시간을 보내야 하는 경우라면 저명한 CEO 43명이 직면했던 고민과 해결 방법을 담은 이 책이 도움이 되길 바랍니다. 목차에서 현재 자신이 직면한 고민과 비슷한 내용을 찾아보고 해당 페이지를 펴서 '내가 이 사람의 입장이라면 어떻게 할 것인가'라고 생각해 보시기 바랍니다.

이 책에 등장하는 인물 중 대부분은 기업의 창업가이자 세계적으로 성공을 거둔 사람들입니다. 그렇지만 예를 들어 스티브 잡스가 처음에는 '한 학기 만에 대학을 중퇴했고, 기술이나 경영에 대한 노하우도 인맥도 자본도 아무것도 가지지 않은 젊은이'였던 것처럼 모두가 '아무런 실적도 없는 젊은이'였습니다.

그러한 사람들이 꿈을 좇고 사명감에 사로잡혀서 또는 친구와 협심해 창업을 하고, 벽에 부딪혀 고민한 끝에 어떠한 선택을 하고 어떻게 행동했는지에 대해서는 참고해 볼 부분이 많을 것입니다. 성공한 사람을 볼 때 흔히 '성공한 모습'에만 초점을 맞추기 쉽지만 실제로는 '성공에 이르기까지 수많은 실패와 좌절, 선택과 결단'을 거듭했고 그것을 극복했기 때문에 거대한 성공을 거둘 수 있었습니다. 이 책을 읽어 보신다면 성공한 사람들이 '우리와 같은' 사람이라는 것을 느낄 수 있을 것입니다.

이 책의 등장인물은 해외의 기업가들만 선정했습니다. 물론 일본에도 훌륭한 기업가들이 많이 있습니다. 그러나 이 책에서는 독자들이 일상에서 사용하고 있는 해외의 제품이나 서비스를 만든 회사들이지만 경영자의 이름은 들어본 적이 있는 것 같기도 하고 낯선 것 같기도 한 회사의 CEO들에게 초점을 맞췄습니다.

한편 이름은 알고 있지만 어떤 사람인지 모르거나, 고생했던 일화는 들어본 적이 없는 인물도 있을 것입니다. 목차를 보면 전혀 모르는 사람들 밖에 없을 수도 있고, 알고 있는 사람들로 가득할 수도 있습니다. 그렇다 하더라도 본편을 꼭 읽어주셨으면 좋겠습니다. 기업가 개개인이 창업하기까지의 과정이나 창업을 한 후에 발생한 일에 대해 알게 되면 해당 제품과 서비스에 더한층 애착을 느끼게 될지도 모릅니다.

또한 이 책에 언급된 기업가 중 많은 수는 현역에서 활동하고 있는 CEO입니다. 하지만 그 밖에도 꼭 소개하고 싶었던 과거의 인물이나 주요 직함이 CEO가 아닌 인물이 몇 명 있었기 때문에 그들도 포함했습니다. 그들이 어떻게 수십 년 동안 계속해서 성장하는 기업을 만들 수 있었는지, 어떻게 사회를 변화시킬 수 있었는지, 어떤 사고방식과 가치관을 가진 사람이었는지 흥미 있게 읽어 주신다면 감사하겠습니다.

그리고 이 책에서는 동시대에 활약한 기업가와 경영자들에 대해 많이 다루고 있기 때문에 그들의 관계성을 살펴볼 수 있게 했습니다.

예를 들어 앞서 이름을 언급한 애플 창업자 스티브 잡스의 경우, 이 책에 등장하는 한 기업가는 '드디어 창업했다'라고 생각하자마자 잡스가 인솔하는 애플에서 같은 분야의 서비스를 시작하는 바람에 '스티브 잡스가 라이벌'인 상황에 놓이게 되었습니다.

그렇습니다. 방금 언급한 이야기는 북유럽 스웨덴의 음악 스트리밍 서비스 스포티파이 창업자인 다니엘 에크의 경험담입니다. 잡스도 당연히 에크를 의식해서 신랄한 코멘트를 남기기도 했지만 에크는 위축되지 않았습니다. 오히려 잡스와는 다른 철학과 신념을 가지고 애플과 차별화된 서비스를 전개해 전 세계에 자신의 서비스를 멋지게 퍼트리는 데 성공했습니다. 2019년에는 세계 최고 이용자 수라는 결과도 달성했을 정도입니다.

그 밖에도 마이크로소프트를 창업한 빌 게이츠나 궁지에 몰린 마이크로소프트를 인수한 3대 CEO 사티아 나델라, 게이츠와 공동 창업자이면서 게이츠와 사이가 틀어져 마이크로소프트를 떠난 폴 앨런도 등장하는 등 기업에서 벌어지는 다양한 상황에서 중요한 역할을 수행한 인물들의 관계를 드라마틱 하면서 실제적으로 볼 수도 있습니다.

각 장은 업무를 하는 사람들이 일상적으로 고민하는 내용을 카테고리 별로 분류했습니다. 제1장에서는 '생산성이나 트러블에 대한 문제 해결'을, 제2장에서는 '가치관이나 결단의 문제 해결'을, 제3장에서는 '동료나 경쟁자에 관한 문제 해결'을, 제4장에서는 '멘탈이나 동기부여의 문제 해결'에 대해 정리했습니다.

세계 최고의 CEO들이 '아이디어에 혹평'을 받거나, '있지도 않는 것을 있다고 주장하는 사람들 때문에' 위기 상황에 내몰리기도 하고, '자신은 이런 업무를 좋아하지 않는다'는 걸 느꼈다는 것만으로도 신선한 자극을 받을 수 있습니다. 해결책은 쉽게 공감할 수 있는 내용부터 믿기 어려운 것까지 다양하겠지만 어떤 것이든 의외로 단순하다는 공통점이 있습니다.

자신과 비슷한 유형의 인물 혹은 완전히 반대이기 때문에 더 알고 싶은 인물을 발견한다면 본문 안에서 또는 책 마지막의 참고 문헌을 통해서 상세하게 조사해 보기를 추천합니다. 정말로 어마어마한 성공을 거둔 것이 사실은 우리 주변에서 흔히 발견할 수 있는 아이디어에서 탄생한 경우도 있습니다. 위기에 처해서 당황하거나 최대한 생각을 짜내게 되기도 하고, 힘든 상황에 직면해 고민하기도 하는 것은 누구나 비슷할 것입니다. 그 점을 느낀다면 분명 일상 업무를 하는 데 격려가 될 것이라 생각합니다.

업무에도 인생에도 매일 다양한 상황이 발생하며 항상 편안하게 걸어가는 여정이 아닐 수도 있습니다. 하지만 벽에 부딪힐 때마다 충분히 고민하고 선택하고 결단을 내린다면 더욱 충실하게 살아갈 수 있을 것입니다. 이 책이 그렇게 하는 데 도움이 된다면 더없이 기쁠 것입니다.

2023년 3월
구와바라 데루야

차례

| 머리말 | · 해결책은 의외로 단순할 수 있다 · | 4 |

1장 **업무의 벽** - 극복의 시간

1 **"진짜 좋은 아이디어인데 사람들이 알아주지 않아요"**
브라이언 체스키(에어비앤비 창업자)   14

2 **"최고의 제품 아이디어를 몇 번이고 시도했지만 실현할 수 없어"**
제임스 다이슨(다이슨 창업자)   18

3 **"거래처가 갑자기 관계를 끊었어요"**
필 나이트(나이키 창업자)   22

4 **"반드시 성공하리라 여겼던 프로젝트가 당초 계획대로 흘러가지 않는다"**
디트리히 마테시츠(레드불 창업자)   27

5 **"수요는 넘치는데 공무원이 복지부동이에요"**
트래비스 캘러닉(우버 창업자)   32

6. **"좋은 아이디어가 떠올랐지만 혼자 힘으로는 실현할 수 없다"**
케빈 시스트롬(인스타그램 창업자)   37

7 **"사용자가 정착하지 않는다"**
드류 휴스턴(드롭박스 창업자)   41

8 **"어떻게 해야 우리 인지도를 올릴 수 있을까"**
마크 베니오프(세일즈포스 창업자)   45

9 **"업무에 문제가 발생했을 때 어떻게 해야 할지 모르겠다"**
에릭 슈미트(구글 전 CEO)   49

10 **"창업은 하고 싶은데 자금이 없어요"**
래리 페이지(구글 창업자)   54

11 "저렴한 제품으로 고객을 만족시키면서도 이익을 내려면?"
　　잉바르 캄프라드(이케아 창업자)　　　　　　　　　　59

12 "브랜드 파워가 없다"
　　로버트 우드러프(코카콜라 전 CEO)　　　　　　　　63

2장　선택의 벽 - 결단의 시간

13 "순조로운 인생을 버리면서까지 도전해야만 하나?"
　　제프 베이조스(아마존 창업자)　　　　　　　　　　72

14 "성공에 도움을 준 사원이나 사업과 결별을 고해야 하나?"
　　리드 헤이스팅스(넷플릭스 창업자)　　　　　　　　77

15 "문득 '나는 이 일을 좋아하지 않아'라는 성찰이 왔다"
　　비즈 스톤(트위터 창업자)　　　　　　　　　　　　82

16 "내 가치관에 따라 행동하면 파란이 일어난다"
　　스티브 워즈니악(애플 창업자)　　　　　　　　　　86

17 "일하는 장소나 내가 있을 곳은 무엇을 기준으로 정해야 하는가"
　　마리사 메이어(구글 전 부사장, 야후 전 CEO)　　　91

18 "회사의 이익과 사원의 복지 중 무엇이 중요할까"
　　하워드 슐츠(스타벅스 전 회장 겸 CEO)　　　　　　95

19 "실패하면 회사가 망할 수 있는 궁극의 선택을 내려야 한다"
　　앤디 그로브(인텔 전 CEO)　　　　　　　　　　　99

20 "엄청난 돈을 벌었지만 이게 정말 행복한 걸까"
　　래리 엘리슨(오라클 창업자)　　　　　　　　　　103

21 "상식이나 습관에서 벗어난 제안을 하자 맹렬한 반대를 받았다"
　　마이클 델(델 창업자)　　　　　　　　　　　　　108

22 "두 사업 중 어느 한 쪽을 버려야만 한다"
　　리처드 브랜슨(버진 그룹 설립자)　　　　　　　　113

3장 인간관계의 벽 - 집념의 시간

23 "상대가 스티브 잡스? 라이벌이 너무 강력해!"
다니엘 에크(스포티파이 창업자)   120

24 "성공하면 할수록 주변으로부터 미움을 받습니다."
셰릴 샌드버그(전 페이스북 COO)   124

25 "기울어져 가는 조직의 리더로 임명됐다"
사티아 나델라(마이크로소프트 3대 CEO)   129

26 "믿었던 동료에게 배신당했다"
고든 무어(인텔 창업자)   134

27 "오랜 세월 같이해 온 파트너와의 관계가 악화되었다"
폴 앨런(마이크로소프트 창업자)   139

28 "성공을 위해 어떤 멤버들을 모아야 하나"
피터 틸(페이팔 창업자)   143

29 "내 성공을 다른 사람이 가로채 갔다"
샘 월턴(월마트 창업자)   148

30 "팀이 현재 상황에 만족해 새로운 도전을 하려고 하지 않는다"
이건희(삼성 2대 회장)   152

31 "인간관계 청산을 위해 막대한 비용을 지불해야 할까?"
레이 크록(맥도날드 창업자)   156

32 "전문가와 평론가의 평판이 좋지 않다"
월트 디즈니(월트 디즈니 컴퍼니 창업자)   161

4장 **동기부여의 벽** - 결의의 시간

33 **"나이가 어려서 리더로서 미숙하다고 평가받는다"**
마크 저커버그(메타 창업자)   168

34 **"여기 머물러 있으면 일인자가 될 수가 없다"**
베르나르 아르노(모엣 헤네시 루이 비통 회장)   173

35 **"계속 추구하던 꿈이 두 번이나 박살 났다"**
에드윈 캐트멀(픽사 공동 설립자)   177

36 **"불가능에 가까운 일을 해낼 수 있냐는 질문을 받았다"**
빌 게이츠(마이크로소프트 창업자)   181

37 **"막대한 비용을 투자해 날린 로켓이 공중에서 폭발했다"**
일론 머스크(테슬라 CEO, 스페이스 X 창업자)   186

38 **"줄곧 생각했던 목표와 다른 기회가 생겼을 때 어떻게 할 것인가"**
제리 양(야후 창업자)   191

39 **"온라인 사회의 알력이나 분단을 어떻게 해결할 것인가"**
탕평(대만 디지털 담당 정무위원)   195

40 **"자신 있게 결정한 선택이 주위로부터 비판을 받는다"**
워런 버핏(버크셔 해서웨이 회장)   200

41 **"돈도 인맥도 없다. 가진 건 꿈뿐"**
스티브 잡스(애플 창업자)   205

42 **"결과를 내는데도 평가도 급여도 오르지 않는다"**
잭 웰치(제너럴 일렉트릭 전 CEO)   209

43 **"도전하고 싶은 마음이 들었을 때 60대 중반이었다"**
커널 샌더스(켄터키 프라이드치킨 창업자)   214

|맺음말| •더 나은 선택을 위하여•   219

1장

업무의 벽
– 극복의 시간

1

"진짜 좋은 아이디어인데 사람들이
알아주지 않아요"

브라이언 체스키(에어비앤비 창업자)

Brian Joseph Chesky

기껏 좋은 아이디어를 냈는데 '그것뿐이야? 다른 아이디어는 없어?'라며 제대로 들어주지도 않은 경험을 한 적이 있습니까? 그런 상황이지만 이 아이디어밖에 없기 때문에 무슨 일이 있어도 해내야 합니다. 어떻게 이 아이디어를 실현해야 할까요?

에어비앤비는 브라이언 체스키, 조 게비어, 네이션 브레차르지크 이렇게 세 명이 창업한 회사입니다. 브레차르지크는 고등학교를 졸업할 무렵 온라인에서 하청 받은 업무로 100만 달러를 벌어들였고, 그 돈으로 하버드 대학 컴퓨터 사이언스를 전공한 엔지니어입니다. 체스키와 게비어는 미국에서 최상위권에 속한 대학인 RISD(로드아일랜드 스쿨 오브 디자인)를 졸업한 디자이너입니다.

체스키와 게비어는 학창 시절부터 사이가 좋았고, 서로를 높이 평가했습니다. 체스키는 졸업 후에 공업 디자이너로 일하기 시작했지만, 사실 재학 중에는 애플 디자이너 조너선 아이브처럼 '세상을 바꾸겠다'는 꿈을 가지고 있었습니다. 그러나 현실의 벽은 높았으며 이대로 아무 것도 이루지 못한 채 인생이 끝날 것 같다고 생각하게 되었습니다. 한편 게비어는 대형 출판사의 그래픽 디자이너로 일하면서 직접 디자인한 엉덩이가 아프지 않은 쿠션으로 소소한 성공을 거두었습니다.

어느 날 게비어의 룸메이트가 갑자기 방을 빼게 되었는데 방 세개 분량의 집세를 혼자 부담하기 싫었던 게비어는 체스키에게 빈 방 중 하나에 살도록 권했습니다. 하지만 아직 방이 하나 더 남아있었습니다. 게비어와 체스키는 국제 디자인 회의 때문에 샌프란시스코를 방문하는 사람들에게 호텔 대신 빈 방 하나를 빌려주자는 아이디어를 떠올렸습니다. 그렇게 시작한 것이 '에어 베드 & 브렉퍼스트'입니다. 에어 베드를 세 개 준비하고, 하룻밤에 80달러로 숙박하는 서비스를 제공한다는 글을 인터넷에 올리자 세 명이 예약을 했습니다. 덕분에 둘은 무사히 집세를 지불할 수 있었습니다. 이것이 지금 전 세계에서 이용하는 에어비앤비의 시작이었습니다.

이처럼 에어비앤비는 '누군가에게 자신의 방을 빌려준다'는 단순한 아이디어에 불과했기에 처음에는 아무도 관심을 가지지 않았으며, 스타트업 기업을 지원하는 사람들조차도 대놓고 무시를 했습니다. "설마 아이디어가 이것 밖에 없는 건 아니겠지요?"라는 말을 몇 번이나 들어야했던 체스키는 크게 성공한 뒤에도 "그때를 똑똑히 기억하고 있습니다. 뇌리에 새겨져서 잊히지 않습니다."라고 회상합니다. 실제로 일곱 명의 투자가에게 아이디어를 판매하려 했지만 모두 거절당했습니다. 기껏 도출한 좋은 아이디어가 '바람 앞의 등불' 신세가 되었던 것입니다.

❓ 당신의 선택은?

'이 아이디어는 무조건 성공할 거야!'라고 확신했지만 아무도 이해해 주지 않습니다. 그렇기는커녕 보잘것없는 아이디어라며 혹평합니다. 여러분이 그러한 상황에 처한다면 어떻게 하겠습니까?

체스키와 게비어 그리고 브레차르지크는 3개월 동안 기업 노하우를 가르치고 아이디어 다듬기를 도와주며 좋은 아이디어에는 투자를 하기도 하는 강좌를 들었습니다. 해당 강좌에 참석하기 전에 체스키는 '8시에 일어나 심야까지 일을 한다. 휴일은 없다. 인생에서 처음으로 한 가지 일에 온전히 집중한다. 안된다면 다른 길을 걷는다'며 말 그대로 배수의 진을 치고 무엇이든 다 해보겠다고 마음을 먹었습니다. 그리고 그 결심대로 '가장 먼저 출근하고 가장 늦게까지 일해' 서서히 주변의 관심을 끌기 시작했으며 다양한 아이디어를 모을 수 있게 되었습니다.

여기에서 체스키는 '그냥 호감을 가진 100만 명보다도 열렬히 지지해 주는 100명을 더 소중하게 여길 것'이라던가 '고객의 소리를 듣는다'는 점을 배웠습니다. 이렇게 하려면 책상에 앉아 있기만 해서는 안 될 것입니다.

❗ 이렇게 해결해라!

체스키는 뉴욕에 가서 지금까지 자신들의 서비스를 이용해 준 소수의 고객(호스트) 개개인을 방문해서 고객이 무엇을 바라는지, 그렇게 하기 위해서는 자신들이 무엇을 해야 하는지를 배웠습니다.

그에 더해 사이트와 서비스를 거듭 개선하면서 사이트를 방문하는 고객이 증가했고 실 이용자도 증가해 주 1,000달러의 매출 목표를 달성했습니다. 그리고 강의 주최 측의 도움도 받아서 2009년에 드디어 세콰이아 캐피털에서 자금을 지원받는 데 성공했습니다.

수백 건의 스타트 업을 지켜봐왔던 강좌 주최 측에서는 이렇게 말했습니다. "반드시 우수한 타입이 성공하는 것은 아니다. 안될 것 같아 보이는 사람이라도 가장 열심히 한다면 누구보다 성공할 수 있다."

"지식이나 아이디어는 최고가 아니라도 괜찮다. 그러나 열의만큼은 최고여야만 한다." 이 말은 파나소닉을 창립한 마쓰시타 코노스케가 한 말입니다. 일이 생각대로 진행되지 않을 때나 주변에서 동참해 주지 않을 때 '나 자신의 열의는 최고인가?'라고 자문해 봅시다. 열의는 한 사람에서 다른 사람에게 전염되어 최고의 결과를 창출하는 힘이 되기 때문입니다.

그리고 자신의 머릿속에 있는 것이 최고의 아이디어임을 확신한다면 주위에서 뭐라고 하든 간에 직접 발로 뛰며 다른 사람의 의견을 듣고 그 내용을 갈고닦아 반드시 실현시켜야 합니다. 에어비앤비처럼 크게 성장한 서비스 역시도 일진월보했던 것처럼 말입니다.

2

"최고의 제품 아이디어를 몇 번이고 시도했지만 실현할 수 없어"

제임스 다이슨(다이슨 창업자)

James Dyson

1947년에 영국 노포크주에서 태어난 제임스 다이슨은 1956년에 고전 교사였던 부친이 암으로 사망해 9세에 기숙학교로 들어가게 되었습니다. 다이슨의 말에 따르면 그는 당시 어렵거나 힘든 일에 일부러 도전하는 고집스러운 아이였다고 합니다. 다이슨은 라틴어와 그리스어를 싫어했기 때문에 애초에 학자의 길은 포기했습니다. 대신에 대단히 좋아하는 미술의 길을 선택해 1965년에 바이엄 쇼 미술 학교에 입학했고, 1년 후에 왕립 미술 대학(RCA)에 진학했습니다.

재학 중일 때 다이슨의 관심사는 회화에서 가구, 인테리어 디자인, 엔지니어링으로 변화했습니다. 그러다 인생의 스승이자 살아있는 본보기인 제레미 프라이를 만났고, 그의 회사 로토크에 입사한 것이

18

기업의 벽

그 이후의 인생을 결정지었습니다. 발명가이기도 한 프라이는 아이디어가 떠오르면 책상에 앉아 비용을 계산하기 전에 일단 제작부터 해보는 사람이었습니다. 다이슨이 '씨 트럭' 아이디어를 떠올렸다고 프라이에게 보고하자 프라이는 "공방 위치는 알고 있겠지. 가서 만들어봐."라고 짤막하게 답했다고 합니다. 열정과 지성이 있다면 무엇이든 할 수 있고, 만약 잘 되지 않는다면 잘 될 때까지 다른 방법을 시험하면 된다고 생각하는 프라이의 스타일에 완전히 매료된 다이슨은 이후 발명들에도 동일한 방식을 적용하였습니다.

그 후 시멘트를 운반하는 수동 대차의 불편함을 깨닫고 차륜 대신 볼을 사용한 현대식 수동 대차 '볼 배로(Ballbarrow)'를 발명하고 창업을 했습니다. 그러나 발명보다 차입금 변제를 우선하려는 다른 임원과의 의견 대립으로 인해 1979년 1월에 해임되었습니다. 볼 배로의 특허권도 회사에 양도한 상황이었기 때문에 문자 그대로 모든 것을 잃어버린 것입니다.

다이슨은 이러한 절망적인 상황에서 종이 필터 없이도 흡인력이 저하되지 않는 사이클론 청소기를 개발하기 시작했습니다. 기존 청소기에 대한 불만에서 떠올린 아이디어였는데, 이 아이디어를 들은 전 회사의 임원은 발명을 하라고 하기는커녕 "당신의 아이디어는 잘 될 리가 없다. 더 좋은 청소기가 있다면 후버나 일렉트로룩스에서 진작 만들었겠지."라고 빈정거릴 뿐이었습니다.

그래서 다이슨은 존경하는 스승 프라이와 공동 출자해 에어 파워 버큠 클리너 회사를 설립하고 시제품을 제작했지만 결과는 신통치 않았습니다.

? 당신의 선택은?

좋은 아이디어가 있고 '제작에 성공하면 잘 팔릴 것'이라는 확신도 있는데, 아무리 노력해도 '최고'의 물건을 만드는 데 실패합니다. 여러분이라면 이렇게 하겠습니까? 계속할 것입니까, 아니면 포기할 것입니까.

다이슨은 도합 3년 이상 시행착오를 반복했습니다. 그는 당시 상황을 이렇게 회고합니다.

"15번째 시제품이 완성되었을 때 세 번째 자녀가 태어났다. 2,627번째 시제품을 제작할 때 즈음 아내와 나는 간신히 생활을 유지하고 있었다. 3,727번째 시제품이 완성되었을 때 아내는 생활비를 충당하기 위해 미술 교실을 열었다. 힘든 시기였지만 실패 하나하나를 통해 문제 해결에 다가갈 수 있었다. 이러한 고투를 가치 있게 바꾸어놓은 것은 마지막 시제품이 아니었다. 과정 그 자체가 의미를 가지고 있었다. 나는 그저 계속해서 노력했던 것이다."

! 이렇게 해결해라!

4년 동안 포기하지 않고 개선을 거듭한 다이슨이 '100퍼센트의 효율을 낼 수 있게 되었다'고 확신한 것은 5,127번째 시제품을 완성했을 때였습니다. 다이슨은 성공을 거둘 때까지 쉬지 않았고 결국 목표를 이루어 냈습니다.

그러나 그 당시 다이슨은 주택 융자 등을 포함해 15만 파운드 이상의 채무를 떠안고 있었습니다. 그래서 '이 프로젝트를 성공시키지 못하면 파산할 수밖에 없었다'라는 절체절명의 상태에 내몰려 있었습니다. 꿈에 그리던 제품을 완성했는데 또다시 위기에 처한 것입니다. 다이슨은 프라이와 의논한 끝에 제품 라이선스를 판매하기로 결정했습니다. 그런데 '자사 제품 판매 실적이 좋아서', '소비자가 종이 필터를 사용하는 데 익숙해져 있기 때문에', '종이 필터를 판매하면 돈이 되니까' 등의 이유로 어느 회사도 관심을 보이지 않았습니다.

일본 상사 에이팩스의 협력으로 가까스로 1986년 3월에 사이클론 청소기 'G-포스'를 일본에서 제조, 판매했는데 한 대에 200~300만 원이라는 고액의 제품임에도 불구하고 제품이 날개 돋친 듯 팔려나갔습니다. 다이슨은 1993년에 다이슨 회사를 설립하고 자사 생산을 시작했습니다. 그리고 그 후 다이슨은 계속해서 인기 가전제품을 생산하고 있습니다.

다이슨의 말에 따르면 성공에는 '포기하지 않고 해내는 것'과 '실패에서 배우는 힘'이 필요합니다. 5,000회 이상 실패를 거듭하면 대부분의 사람들은 포기해버리고 맙니다. 그러나 다이슨은 "실패란 잘되지 않은 방법을 찾은 것에 지나지 않는다(실패는 일을 진행해 나가는 과정)."라고 말한 토마스 에디슨에게 깊은 감명을 받았기 때문에 결코 포기하지 않았습니다. 여러분에게 확신이 있다면 포기하지 마십시오. 진심으로 '최고'라고 느낄 때까지 도전한다면 반드시 성공할 수 있습니다. 그리고 그때 '실패에서 계속 배워나가는 것'이야말로 최후에 성공을 거둘 수 있을지를 결정짓는 갈림길이 될 것입니다.

3

"거래처가 갑자기 관계를
끊었어요"

필 나이트(나이키 창업자)

Philip Hampson Knight

육상경기와 크로스컨트리를 좋아했던 필 나이트는 후에 올림픽 대표 팀 코치를 역임한 유명한 지도자인 빌 보워만에게 지도 받기 위해 오리건 대학에 진학, 육상부에 입부했습니다. 하지만 선수로서는 평범했기 때문에 미래를 위해 스탠퍼드 대학 비즈니스 스쿨의 경영 관리 과정에 진학했습니다. 나이트는 이 과정에서 자신이 잘 아는 분야에서 소규모 비즈니스를 시작한다고 가정하고 리포트를 쓰게 되었습니다. 그래서 그는 자신이 잘 알고 있는 경기용 운동화 시장에 대해 적어보기로 했습니다.

당시 미국에서는 독일 아디다스 러닝슈즈의 점유율이 대단히 높았지만 품질은 그다지 뛰어나지 않았으며, 가격도 터무니없이 비쌌습니다. 나이트 역시 아디다스 신발을 신고 있었는데, 리포트를 정리하면서 아디다스의 아성에 도전하기 위해서는 어떻게 하면 좋을지 고민했습니다.

나이트는 '일본 제품은 조악하다는 평을 받고 있지만, 낮은 가격을 지향하는 일본 제조사에서 고품질 러닝슈즈를 만들 수 있다면 가격 차별화를 통해 일본이 새로운 시장을 개척할 수 있을 것이다'라고 생각했습니다. 그리고 주자들이 무엇을 원하는지를 잘 알고 있는 자신만이 할 수 있는 일이라고 결론지었습니다.

원래라면 이 아이디어는 여기서 마무리되고 나이트는 MBA를 취득한 엘리트로 사회에 진출했을 것입니다. 그러나 그는 그 후에도 매일 조깅을 하면서, 일본에서 신발 회사를 찾아 자신의 아이디어를 판매하고 싶어 했습니다. 그리고 1962년 어느 날 "바보 같은 아이디어라고 말하는 사람들은 그냥 내버려 둬라. 계속 달려라. 멈춰 서지 마라. 목표에 도달하기까지 멈춰 설 생각은 하지 마라. '그곳'이 어디에 있는지도 생각하지 마라. 무슨 일이 일어나든 멈춰 서지 마라."라는 결의와 함께 일본으로 향합니다.

나이트는 여행을 하면서 정보를 모아 일본 고베에서 '오니츠카 타이거'라는 브랜드의 신발을 만들던 '오니츠카(1949년 창업. 아식스의 전신)'를 방문했습니다. 나이트는 즉흥으로 꾸며낸 '블루리본 스포츠의 대표'라는 직함으로 스탠퍼드 재학 시절에 생각한 아이디어를 멋지게 프레젠테이션 했습니다. 약 2시간의 미팅을 거쳐 오니츠카 측은 나이트에게 '미국에서 타이거 대리점을 할 생각은 없는가'라고 제안했으며, 이에 나이트는 50달러(당시 1달러는 3,600원)의 선불금을 약속하고 샘플을 보내달라고 요청했습니다.

1964년에 12족의 샘플을 입수한 나이트는 그중 2족을 보워만에게 보냅니다. '일본에서 가져온 신발인데 품질이 굉장히 좋다. 나를 계약에 포함시켜주지 않겠는가'라는 보워만의 평가에 자신감을 가지게 된 나이트는 보워만과 함께 진짜로 블루리본 스포츠를 설립했습니다. 이것이 '나이키'의 시작입니다. 처음에는 오니츠카 슈즈를 각지의 육상 경기 대회에서 판매하는 정도였기 때문에 수입이 많지는 않았지만 '타도 아디다스'라는 목표를 향해 흔들림 없이 달려 갔습니다. 그러던 중 나이트는 오니츠카가 블루리본보다 영업 능력이 높고 컨트롤하기 쉬운 파트너를 찾기 시작했다는 충격적인 사실을 접하게 됩니다.

❓ 당신의 선택은?

오랜 기간 거래하던 거래처가 거래를 중지하려 한다는 것을 알게 되거나 거래를 중단하겠다고 통보한다면 여러분은 어떻게 하겠습니까? 조건을 낮춰서라도 거래를 계속하거나 포기할 것입니까?

❗ 이렇게 해결하라!

나이트는 오니츠카와 관계를 끊고 자체적으로 신발을 제작하는 방법을 선택했습니다. 그리고 이와 함께 그리스어로 승리의 여신이라는 의미의 'NIKE(나이키'라는 브랜드 이름을 사용하기로 결정했습니다. 새로운 항로 앞에는 거친 파도가 기다리고 있었지만, 나이트는 슬기롭게 헤쳐 나갔습니다.

오니츠카 측은 제품 공급을 중단했고, 가지고 있는 것이라고는 '질이 나쁜 신발'밖에 없는 쉽지 않은 상황이었습니다. '질이 나쁜 신발'을 질 좋은 신발로 변모시켜야 했지만 시간이 충분하지 않았고 실패할 여유도 없는 아슬아슬한 상황에 처해 있었습니다. 갑작스럽게 본사에 모인 30명의 사원들의 표정은 침울할 수밖에 없었습니다. 1972년에 나이트는 불안을 떨쳐버리기 위해 30명의 사원을 앞에 두고 '이것은 위기가 아니다. 이것은 해방이다. 우리의 독립기념일이다. 그렇다. 길은 험난하다. 그러나 이길 수 있는 싸움이다. 그리고 만약 승리한다면 승리 저 너머에는 멋진 상이 기다리고 있다. 우리는 아직 살아있다. 아직 끝나지 않았다'라고 선언했습니다.

앞으로 어떻게 비즈니스를 지속할지, 나이키의 신제품을 어떠한 방식으로 개선할지 다 함께 의논하는 과정에서 '이제부터의 성공이나 실패는 우리 자신의 책임이고 자체적인 아이디어와 브랜드에 달려 있는 것이다'라는 생각을 사원 모두가 한마음 한뜻으로 공유하게 되었던 것입니다.

그 후 보워만이 고안한 '와플 솔'이나 전 NASA의 프랭크 루디가 아이디어를 제시한 '에어'를 솔에 넣은 '에어 솔'을 사용한 신발이 크게 성공을 거두었습니다. 그리고 1980년에는 주식 상장까지 이루었으며 '에어 조던'의 폭발적인 인기에 힘입어 세계적인 거대 브랜드가 되었습니다.

비즈니스 파트너가 거래 중단을 선언한다면 정말 힘들 것입니다. 하지만 매달리기보다는 직접 할 수 있다고 대담히게 선언한다면 초입부터 걸어 나갈 수 있는 새로운 길이 보이는 경우가 많습니다. 기왕 자유롭게 일할 수 있게 되었다면 두려움을 버리고 자신의 신념과 방침을 재검토해 보는 것이 중요합니다.

"반드시 성공하리라 여겼던 프로젝트가
당초 계획대로 흘러가지 않는다"

디트리히 마테시츠(레드불 창업자)

Dietrich Mateschitz

　디트리히 마테시츠는 1944년 오스트리아에서 태어났습니다. 부모님 모두 교사인 가정에서 태어나 4, 5세 무렵부터 바이올린을 배웠고 10세에는 콘서트를 한 적도 있었지만 본인의 말에 따르면 음악의 재능은 없었다고 합니다. 공부도 잘하는 편은 아니었고, 대학에 진학한 후에는 어머니 혼자 그를 키웠기 때문에 직접 아르바이트를 해서 학비 대부분을 충당해야 했습니다. 그래서 수업에 출석할 시간이 많지 않아 28세가 되어서야 졸업을 했습니다.

　그는 "경제 대학은 보통 22세에 졸업을 합니다. 28세에 졸업하진 않지요. 졸업을 늦게 한 것이 그 후 저의 인생에 계속 영향을 미쳤습니다. 그래서 40세가 되어서야 겨우 독립을 할 수 있었습니다."라고 말했습니다.

마테시츠는 대학을 졸업한 후 다국적 기업인 유니리버에 취직했고, 주로 자회사인 브렌닥스의 매니저로 전세계를 누비고 다녔습니다. 하지만 '시야에 들어오는 것은 잿빛 비행기, 잿빛 뒷모습, 잿빛 얼굴뿐. 내년에도 올해와 같은 생활을 해야 하는 것인가'라고 자문하는 경우가 많았다고 합니다. 그러나 그런 잿빛 일상에 전환기가 찾아왔습니다.

30대 후반에 마테시츠는 홍콩 호텔에서 일본의 고액 납세자 명단을 보게 되었습니다. 그 명단에는 세계적으로 잘 알려진 도요타나 소니 경영자들이 아니라 다이쇼 제약이라는 처음 보는 회사의 경영자 우에하라 쇼키치가 있었습니다. 어떤 인물인지 조사해 보니 일본에서 피로 회복제 '리포비탄 D'를 판매하고 있었습니다. 아시아에는 이런 에너지 드링크가 판매된다는 것을 알게 된 마테시츠는 이후 여러 피로 회복약을 직접 마셔 본 후 시차 적응과 같은 증상에 엄청난 효과가 있다는 것을 체감하게 되었습니다.

에너지 드링크에 푹 빠져 다양한 제품을 마셔 보던 마테시츠는 어느 날 태국의 TC 제약회사(유니리버의 프랜차이즈 파트너)에서 나온 '붉은 황소'라는 드링크를 만나게 됩니다. 그는 이 제품을 유럽에서 판매하기 위해 즉시 행동을 취했습니다.

마테시츠는 안정적인 직업까지 버리고 태국 경영자와 공동으로 독일에 '레드 불' 회사를 설립했지만, 유럽에서는 에너지 드링크에 대한 인식이 없었기에 1년 이상 기다려도 판매 허가가 나지 않았습니다. 급기야 자금도 바닥나 자칫하면 집까지 잃고 노숙자로 생활해야 할 처지가 되었습니다.

❓ 당신의 선택은?

모든 것을 걸었던 기획이나 기업이 '성공하지 못할 수도 있다'는 생각이 들 정도로 곤경에 처했다면 여러분은 어떻게 하겠습니까? 입지를 잃고 평판이 바닥에 떨어질 수도 있을 만큼 궁지에 몰려 있는 상황입니다.

마테시츠는 목표로 했던 에너지 드링크 판매를 포기하지 않았습니다. 독일에서 1년 이상 지나도 허가를 받지 못하자 마테시츠는 고향 오스트리아로 돌아가 그곳에서 새롭게 판매를 신청합니다. 다행히도 몇 개월 만에 허가가 떨어져 1987년 4월 드디어 오스트리아에서 레드불을 판매할 수 있게 되었습니다.

레드불 설립 시점으로부터 이미 3년 가까이 세월이 지났습니다. 언제 허가가 날지도 모르는 불안한 나날을 보냈지만, 마테시츠는 단지 손 놓고 기다린 것만은 아니었습니다. 유럽에서 에너지 드링크는 전혀 익숙하지 않은 상품이었기 때문에 '레드불을 위한 시장은 존재하지 않는다. 우리가 앞으로 창조해나가야만 한다'라고 생각한 마테시츠는 두 가지 측면에 집중해서 일을 진행했습니다.

① 태국에서 판매되는 오리지널 드링크는 유럽 사람들의 취향에는 맞지 않았습니다. 그래서 기본 성분 배합을 계속해서 조절하면서 탄산을 첨가해 유럽 사람들이 좋아할 맛을 지닌 에너지 드링크(레드불)를 만들어 냈습니다.

② 마테시츠는 자신이 직접 느꼈던 '레드불을 마시면 누구나 강해질 수 있다'라는 느낌을 고객들에게 어떻게 전달할 수 있을지 광고 대

리점에 근무하는 친구와 함께 1년 넘게 고민했습니다. 그 결과 '레드불, 날개를 펼쳐줘요'라는 광고 문구가 탄생한 것입니다. '졸음을 해소한다'는 사실이 아니라 '힘이 솟아나게 한다'는 이미지를 판매한 것이 레드불이 성공한 이유였습니다.

❗ 이렇게 해결해라!

'완벽주의자'였던 마테시츠는 관공서와 교섭을 하면서 새로운 에너지 드링크의 매력을 찾아내기까지 1년 반 이상을 더 소비했습니다. 그러나 그는 포기하지 않고 계속해서 파고들었습니다. 그 결과 '날개를 펼쳐줘요'라는 캐치프레이즈가 탄생했고, 맛 역시 만족스러운 완벽한 음료가 탄생했습니다. 이 상품은 반드시 성공할 것이라고 확신했던 마테시츠는 위기 상황에서도 전혀 타협하지 않고 계속해서 전진해 나갔습니다.

우여곡절 끝에 레드불은 겨우 판매가 가능해졌지만, 처음에는 판매량이 기대에 미치지 못했습니다. 3년 차가 되어서야 겨우 채산을 맞출 수 있을 정도였습니다. 하지만 인근 나라인 독일을 필두로 다른 나라에도 입소문이 나며 밀수입 형태로 제품이 조용히 퍼져 나가기 시작했습니다.

그 흐름을 타고 영국과 독일, 벨기에 등에서 허가를 얻어 단숨에 유럽 시장을 제패하고 마침내 바다를 건너 미국에서도 압도적인 점유율을 자랑하게 되었습니다.

계획이 항상 목표한 대로 진행되지는 않습니다. 그러나 결국 성공을 거두는 데는 스스로의 계획에 자신감을 가지고 어떤 곤경에 처하든 포기하지 않고 계속 진행하는 사람 그리고 계속해서 '완벽'을 추구하는 사람이라는 단순한 법칙이 존재합니다. 그러한 사람들은 역경을 만나도 작은 성과를 계속 추구하며 시간을 낭비하지 않습니다. 그리고 작은 성과를 쌓아나가면 머지않아 큰 성공으로 이어질 것입니다.

5

"수요는 넘치는데
공무원이 복지부동이에요"

트래비스 캘러닉(우버 창업자)

Travis Cordell Kalanick

콜택시나 일반 택시 이외의 자가용 자동차의 셰어에서 전 세계를 석권하고 있는 우버 테크놀로지스(이하 우버)는 2009년에 샌프란시스코에서 탄생했습니다. 창업한지 약 10년 정도 지났는데 시가 총액은 약 90조 원이고 전 세계 1만 개 이상의 도시에서 서비스를 제공하고 있습니다. 이 회사가 제공하는 서비스로는 라이드 셰어, 푸드 딜리버리(우버 이츠), 택배, 화물 수송, 전동 자전거나 전동 스쿠터 렌털 서비스 등이 있습니다. 일본에서는 이 중에서 우버 이츠가 가장 잘 알려져 있으며, 세계적으로는 자동 운전 등의 뛰어난 기술을 보유한 '셰어링 이코노미'를 견인하는 역할을 담당하고 있기도 합니다. 이 회사를 설립한 사람이 바로 개릿 캠프와 트래비스 캘러닉입니다.

캠프는 검색 추천 전문 소셜미디어인 스텀블 어폰(Stumble Upon)을 창립했고 이베이에 회사를 7,500만 달러에 매각한 다음 샌프란시스코에서 호화로운 생활을 하기 시작했습니다. 그런데 전화로 택시를 호출해도 원하는 때에 택시가 잡히지 않아 불편을 겪었습니다. 그래서 캠프는 필요할 때 즉시 택시를 탈 수 있는 서비스를 고안해냅니다. 이용자와 택시 운전수 모두 휴대폰에 애플리케이션을 다운로드한 다음 신용 카드를 등록하면 현금을 가지고 있지 않아도 이용할 수 있게 하는 우버 택시의 아이디어였습니다.

여기에 캘러닉이 가세했습니다. 캘러닉은 이 아이디어를 '애플리케이션을 구동하면 미래에 살고 있는 것 같은 느낌을 체험할 수 있다. 버튼을 누르기만 하면 택시가 온다'라고 높이 평가했습니다.

초기에는 택시 배차 서비스로 시작했지만 얼마 지나지 않아 영업 허가를 보유한 택시회사와 택시 운전수뿐만 아니라 일반 사람들(우버 측에서 면접을 본)이 자신의 자동차로 택시처럼 일할 수 있게 해 새로운 교통 인프라로 주목을 받았습니다. 그러나 한편으로는 택시 업계나 행정 측의 강한 반발을 불러일으키기도 했습니다. 새로운 서비스에는 언제나 규제와 분쟁이 따라다니기 마련입니다.

❓ 당신의 선택은?

애플리케이션을 구동하면 자신이 원하는 장소에 차를 간단히 호출할 수 있습니다. 자신이 고안한 이 아이디어는 정말 훌륭한 데다가, 많은 고객들이

'좋다'고 반응했습니다. 그러나 관공서에서는 업계의 질서를 어지럽힐 수 있다는 우려 때문에 적극적으로 지원하려 하지 않습니다. 여러분이라면 이러한 상황을 어떻게 타개할 수 있겠습니까?

이 상황에서 캘러닉이 힘을 발휘했습니다. 캘러닉은 승리에 집착하는 것으로 잘 알려져 있는데 그 이유는 우버를 창립하기 전의 힘든 경험 때문이었습니다. 캘러닉은 캘리포니아 대학의 로스앤젤레스 캠퍼스에 재학 중일 때 처음으로 회사를 설립했습니다. 그러나 자금 지원을 받은 투자가들과 엔터테인먼트 업계가 건 막대한 금액의 소송에 휘말려 회사가 파산할 상황이 되었습니다. 2001년에 두 번째 회사를 창립하기로 결단하고, 2007년에 2,300만 달러에 회사를 매각해 거금을 손에 넣게 되었습니다. 그러나 그 사이에 공동 창업자나 엔지니어들에게 배신당해 처음 창업을 한 이후부터 10년 동안 월급을 전혀 받지 못하는 고통스러운 시간을 보냈습니다.

캘러닉은 성공과 실패를 반복하는 롤러코스터 같은 인생을 보냈지만, 여전히 '승리'에 대한 집착이 강했고 '기술 혁신 과도기에는 항상 문제가 따르기 마련이지만, 전체적으로 보면 사회에 기여하게 된다'라며 굳건한 자세를 유지했습니다.

❗ 이렇게 해결하라!

캘러닉은 행정 분야나 의회에서 반대를 할 경우, 고객들을 동원해 그들의 지지를 이끌어내서 승리하는 방법에 뛰어났습니다. 후에 언급할 내용에서처럼 조금 난폭한 방법이기는 하지만 주변에서 어느 정도 타협하기를 원할 때에도 그런 의견에 귀를 기울이지 않고 자신이 믿는 방식을 관철해 나갔습니다.

캘러닉은 반대하던 DC 시의회의 의원을 트위터에서 택시 업계를 지키는 데 필사적이라며 공격했고, DC의 우버 이용자들에게 이대로는 서비스를 제공할 수 없게 된다는 편지를 보냈습니다. 개인 정보 이용이라는 관점에서는 문제가 있는 행동이지만 그들의 메일 주소까지 첨부했기 때문에 수만 건의 항의 메일이 도착했으며 결국 우버 측이 승리를 거두었습니다. 그리고 이러한 방법이 전 세계 각 도시들에 우버를 확산시키는 형태로 이어져 우버 측에 성공을 가져왔습니다.

캘러닉은 "문제의 핵심은 정부 측이 사람들의 진보를 어느 정도까지 느끼고 받아들일 수 있는가 하는 점이다. 시의회가 어떻고 정부가 어떻고 하는 이야기가 아니다. 기존 산업체가 정부를 설득해 나로서는 잘못되었다고 생각할 만한 일을 하게 하고 있는 것뿐"이라고 성공의 비결에 대해 말했습니다.

이러한 방법으로 새로운 서비스가 탄생하고 새 기업을 성공으로 이끌 수 있게 되었지만, 지나치게 강한 캘러닉의 성격이 화를 불러일으키는 경우도 적지 않았습니다. 캘러닉은 본인이 연루된 많은 스캔들이 보도되었기 때문에 책임지고 2017년에 CEO를 사임했습니다 (2019년 이사직도 퇴임). 캘러닉은 "나는 우버를 전 세계 무엇보다도 사랑하고 있지만 사임할 것이다. 그렇게 하면 우버는 불필요한 문제에 휘말리는 일 없이 본연의 비즈니스로 돌아갈 수 있다."라고 자신의 입장을 발표했습니다. 캘러닉은 기업을 성공으로 이끄는 재능도 가지고 있었지만 사람들의 반감을 사는 자질 역시 가지고 있었습니다. 캘러닉은 인간관계를 조금 더 소중히 여기는 마음을 가져야 했을지도 모르겠습니다.

변화하는 속도가 빠른 시대에 무엇이 옳은지는 행정이 아니라 시민들이 결정하는 것입니다. 물론 이러한 관점도 대단히 중요하지만, 이에 더해 논리관이나 인간관계를 소중히 여기는 자세를 가진다면 프로젝트나 사업을 더 오래 지속할 수 있을 것입니다.

6

"좋은 아이디어가 떠올랐지만 혼자 힘으로는 실현할 수 없다"

케빈 시스트롬(인스타그램 창업자)

Kevin York Systrom

현재 전 세계 10억 명이 넘게 사용하고 있는 SNS 인스타그램. 이 인스타그램을 만든 케빈 시스트롬은 스탠퍼드 대학에 재학 중일 때 창업한지 1년이 채 되지 않았던 페이스북의 창업자 마크 저커버그에게 시스트롬이 만든 '포토 박스'를 완성하기 위해 함께 일하자는 제의를 받았습니다. 또한 오데오에서 인턴으로 채용되어 지금의 트위터라는 새로운 서비스를 만들어낸 잭 도시 곁에서 일한 적도 있습니다. 그리고 졸업 후에는 구글 취직도 예정되어 있었습니다. 이러한 만남을 거치며 시스트롬은 페이스북이나 트위터, 구글 창업자 같은 천재들도 자신과 마찬가지로 미래를 예측할 수 없는 상태에서 불안에 떨며 지내고 있다는 사실을 깨닫게 되었습니다. 그리고 특정 취미에 몰입한 사람이나 해커, 또는 정량을 분석하는 특기를 가지고 있지 않은 자신 같은 이도 기업가가 될 수 있다고 생각하게 되었습니다.

그러나 한순간에 기업가가 될 수 있었던 것은 아닙니다. 여행 노하우 공유 웹 사이트 제작사 넥스트 스톱의 프로덕트 매니저로 근무하며 앱을 제작하는 기술을 익힌 시스트롬은 심야 시간과 주말에 카페에서 스마트폰 앱을 만들었습니다. 이렇게 위치정보 앱 '버븐(Burbn)'이 탄생했는데, 이 앱에는 사진 업로드 기능도 있었습니다.

시스트롬은 대학 시절에 이탈리아의 피렌체에 유학을 간 적이 있었는데, 사진학 교수의 지도를 받았을 정도로 카메라와 사진을 좋아했습니다. 2010년 1월에 시스트롬은 버븐 앱을 위한 자금을 확보하려고 마크 앤드리슨(넥스케이프 창업자)을 만났으며 투자 조건에 대해 깊이 생각해 보게 되었습니다. 그 조건이란 '혼자 창업하려는 회사에는 투자하지 않는다'는 것이었습니다.

그 이유는 창업자와 동급인 인물이 곁에 없다면 잘못되었다고 쓴소리를 해줄 사람이 없을 뿐더러, 이렇게 하는 편이 더 낫겠다는 아이디어를 제시할 사람도 없기 때문에 앤드리슨은 그런 회사에는 투자를 하지 않겠다는 생각을 가지고 있었습니다.

? 당신의 선택은?

새로운 사업을 시작하려고 할 때 혼자가 아니라 팀을 꾸려서 해야 할 경우가 있습니다. 여러분은 다른 사람과 팀을 만들거나 다른 사람들의 의견(때로는 반대 의견)에 귀를 잘 기울이는 편입니까?

시스트롬은 이 의견에 동의했고 협업자를 찾기 시작했습니다. 지인들 중 몇 명에게 거절당한 끝에 스탠퍼드 대학의 2년 후배인 마이크 크리거가 머리에 떠올랐습니다. 시간이 조금 걸리긴 했지만 시스트롬과 크리거는 창업을 해서 버븐을 개발하기 시작했습니다. 그러나 필요한 자금을 확보하기 위해서 10명의 투자자들을 만났지만 아무도 투자해 주지 않았습니다. 그래서 둘은 버븐 앱의 기능에 대해 재검토해 보기로 했습니다. 버븐 앱에는 여러 기능이 탑재되어 있었는데 그중 세 가지 기능이 인기가 있었습니다.

첫 번째는 자신이 어디로 가는지를 공개해 두면 지인이 합류할 수 있는 기능이었습니다. 두 번째는 버븐을 사용하면 가상공간의 리워드를 획득할 수 있는 기능이었습니다. 그리고 세 번째는 사진이었습니다.

둘은 이 세 가지 기능에 대해 검토한 다음 '사진에 가능성이 있다'고 판단했습니다. 당시 스마트폰으로는 고화질 사진을 찍을 수는 없었지만 시스트롬은 '카메라를 별도로 가지고 다니지 않고 스마트폰만 가지고 다니는 시대가 머지않아 올 것'이라고 생각했습니다. 해결해야 할 과제가 있기는 하지만, 둘은 사진에 전력을 기울이자고 합의했습니다.

시제품 제1호에는 '스카치'라는 이름을 붙였는데, 시스트롬이 이 앱을 사용하자 나중에 그의 아내가 되는 니콜 슈에츠에게 '나라면 사용하지 않을 것'이라는 말을 들었습니다. '사진이 못 나와서 마음에 들지 않는다'는 이유 때문이었습니다. 시스트롬이 스마트폰의 한계에 대해 이야기한 다음 사진이 잘 나오게 하려면 필터 애플리케이션을 필수로 사용해야 한다고 설명하자, 슈에츠는 "그러면 당신도 필터 기능을 넣으면 될 텐데."라고 말했습니다. 이것이 전환점이 되었습니다.

2010년 10월에 공개된 인스타그램은 눈 깜빡힐 사이에 큰 인기를 끌었으며 저스틴 비버의 가입 등을 계기로 성장이 더욱 가속화되었습니다. 그리고 2012년 4월에 페이스북이 약 10억 달러로 매수되면서 순식간에 10억 명이 사용하는 SNS로 성장했습니다.

❗ 이렇게 해결해라!

시스트롬이 큰 성공을 거둔 인스타그램은 시스트롬이 낸 최초의 아이디어인 '버븐'과는 다른 것이었지만 공동 창업자나 친구들의 이야기와 비판을 진지하게 받아들여 최고의 아이디어로 발전할 수 있었습니다.

시스트롬은 다른 사람과 팀을 이루는 것에는 저항이 없었지만, 버븐 애플리케이션의 방향을 도중에 바꾸거나 이미 결정을 내린 방침에 수정이 필요한 상황에 직면했습니다. 새로운 아이디어가 떠올랐지만 어딘가 충분하지 않다는 생각이 들거나, 혼자만의 힘으로는 잘되지 않을 것 같을 때야말로 '사람'과 '사람들의 목소리에 귀를 기울여야'합니다. 부족한 부분이나 좋지 않은 부분을 알려주는 사람이 주변에 있어야 비로소 작은 아이디어가 최고의 아이디어로 변모할 수 있습니다.

7

"사용자가
정착하지 않는다"

드류 휴스턴(드롭박스 창업자)

Drew Houston

 클라우드 스토리지 서비스 '드롭박스(Drop box)' 창업자 드류 휴스턴은 1983년 미국 매사추세츠 주에서 태어났습니다. 6세였을 때 아버지에게 받은 IBM PCjr로 BASIC이라는 프로그래밍 언어를 배운 다음, 8세의 나이에 Pascal을 배우고 12세 즈음에 C 언어를 사용해 프로그래밍을 했다고 합니다.

 컴퓨터 온라인 게임을 하면서 '게임은 어떻게 동작하는 것일까'라며 시스템에 흥미를 가지게 되었고 고등학교 졸업 후에는 매사추세츠 공과 대학에 진학해 컴퓨터 과학을 전공했습니다. 그리고 21세의 나이에 최초로 회사를 설립했습니다. '졸업식 연설'에 따르면 공동 설립자와 휴스턴은 처음으로 창업을 한 것이어서 시청에 갈 때 정장을 입고 가야 하는지, 회사 인감도장은 필요한지 등을 고민했습니다. 하지만 실제로는 필요 항목을 기입하고 온라인으로 송부하기만 하면 되었기 때문에 2분 만에 회사를 설립할 수 있었다고 합니다.

그리고 그 후 문구점에 들려서 명함을 프린트하기 위한 용지를 구입했습니다. 이때 론칭했던 'Accolade Prep'이라는 서비스는 문제가 많았습니다. 해당 서비스는 SAT 수험자들을 위한 새로운 온라인 강좌라는 '인기 있을 법한' 아이디어를 반영했지만 사태가 악화되어 해결해야 할 일들이 정체되기 시작했습니다. 휴스턴은 고민했습니다. "내 어디가 문제일까라고 생각했다. 해야 할 일을 제대로 해내지 못하는 나 자신 때문에 초조해졌다. 내 회사를 설립하는 것이 오랜 숙원이었지만 '내 능력으로는 불가능했나'라는 생각이 들기 시작했다."

휴스턴은 최초의 창업에 좌절하고, 다음 아이디어를 찾기 시작했습니다. 그러다가 2007년에 USB에 담아둔 비즈니스 아이디어 파일을 확인하려다가 USB를 집에 두고 왔다는 것을 알게 되었습니다. 그때 '고객들이 어디에 있든 온라인상에서 접속할 수 있는 저장소가 필요하다'는 아이디어를 떠올리게 되었고 불과 2주 만에 '드롭박스'를 만들어냈습니다.

그때는 지금처럼 많은 고객을 확보할 수 있을 거라고는 예측하지 못했으며 사용자가 본인밖에 없다 하더라도 본인의 문제일 뿐이므로 쉽게 해결할 수 있다고 생각했다고 합니다. 휴스턴은 자신의 아이디어를 가지고 에어비앤비 창업자들도 참여한 적이 있는 Y콤비네이터에 참가했습니다. 그리고 혼자 시작하는 것보다는 여럿이 시작하는 것이 낫다는 조언을 받았습니다. 아라시 페르도시(Arash Ferdowsi)와 회사를 공동 창업한 휴스턴은 Y콤비네이터에서 출자를 받아 2008년 9월에 서비스를 시작했습니다. 현재 6억 명 이상의 사용자를 확보할 정도로 위상을 떨치고 있는 드롭박스이지만, 창업한 직후에는 가입한 이용자의 60%가 서비스 이용을 중단했고 다시 사용하지 않는 상황이 발생해 고민했습니다. 다시금 문제가 생긴 것입니다.

❓ 당신의 선택은?

자신이 만든 서비스를 이용하는 이용자들 중에서 60%나 되는 사람들이 잠깐 동안만 서비스를 이용하다가 더는 사용하지 않습니다. 무엇이 문제인지도 알 수 없습니다. 여러분이라면 이럴 때 어떻게 하겠습니까?

휴스턴은 왜 이렇게 되었는지 그 이유를 찾기 위해 현지에서 모니터링을 할 인원을 모집했습니다. 30분에 40달러의 사례비를 지불하는 유저빌리티 테스트(사용성 테스트)를 한 것입니다. 휴스턴은 응모자들을 컴퓨터 앞에 앉게 한 다음 '화면에 드롭박스에서 온 초대 메일이 있습니다. 그 메일을 클릭해서 사이트에 접속한 다음 파일 공유를 시작하십시오'라고 지시했습니다. 그런데 다섯 명의 테스터들 중 아무도 성공하지 못했습니다. 휴스턴은 그것을 보고 이렇게 감상을 말했습니다. "대부분의 사람들이 다운로드 방법조차 모르고 끝났다. 정말 아연실색할 수밖에 없었다. '대체 어떻게 된 일이란 말인가. 사상 최악이 아닌가. 이렇게나 번거로웠던 것인가. 이런 상황이라면 누구나 머리를 부여잡을 수밖에 없겠다'라고 생각했다."

휴스턴처럼 컴퓨터를 잘 다루는 사람들에게는 간단하고 사용하기 쉬운 서비스라 할지라도 일반 사용자들에게는 결코 쉬운 프로그램이 아니라는 상황은 흔히 발생할 수 있는 일입니다. 일반 사용자들은 조금이라도 조작이 힘들거나 이해하기 어렵다면 '아, 잘 모르겠어, 안 할래'라며 사용하기를 포기해 버리고 맙니다.

! 이렇게 해결해라!

휴스턴은 이러한 유저빌리티 테스트에서 문제점을 발견하고, 발견된 문제를 철저히 해결해 편의성을 향상시키려고 계속 노력했습니다.

스토리지 서비스 분야에서 후발 주자에 속했지만 이런 노력이 성공을 거두어 2018년에는 주식을 공개했고, 현재 7억 명이 넘는 사용자를 확보하는 정도까지 성장하게 되었습니다.

에어비앤비 창업자 브라이언 체스키는 고객들이 자사 서비스를 이용하지 않는 이유를 발로 뛰며 조사하는 노력을 기울여 성공으로 결부시켰습니다. 휴스턴은 서비스나 제품을 이용하지 않는 이유가 어디에 있는지 파악하려고 노력했고 그 점을 개선했으며, 이 과정을 반복해 사용자들의 사랑을 받는 제품과 서비스를 만들어나갈 수 있었습니다. 정답은 하나가 아니지만 이렇게 조사를 하는 것은 서비스를 향상시키는 데 중요한 역할을 합니다.

8

"어떻게 해야 우리 인지도를
올릴 수 있을까"

마크 베니오프(세일즈포스 창업자)

Marc Benioff

　전 세계 15만 개가 넘는 회사에 도입된 클라우드 타입 고객 관리 도구인 '세일즈포스(Salesforce)'를 제공하는 세일즈 포스의 창업자 마크 베니오프는 1964년에 샌프란시스코에서 태어났습니다. 의료품 소매 체인을 경영하는 부친의 노고를 가까이에서 보면서 중소기업을 경영하는 데 필요한 것이 무엇인지 알게 되었습니다. 그리고 그와 동시에 고객과 종업원을 진정으로 생각하는 것의 소중함과 한 치의 오차도 없는 회계 처리의 중요성을 깨달았습니다.

　동시에 자신은 소매업에 적합하지 않다는 것을 일찍이 깨달았기 때문에 전자기기 분야로 관심을 돌렸습니다. 12세에 자택 지하의 방에 틀어박혀 다양한 전자기기들을 조립했으며, 14세에는 최초의 컴퓨터 'TRS80'을 손에 넣었고 15세에는 처음 제작한 소프트웨어 '하우두 정글'을 75달러에 판매하며 컴퓨터에 푹 빠지게 되었습니다. 16세에는 'Atari800'을 입수해 친구와 '리버티 소프트웨어'라는 회사를 설립하고 다양한 게임을 제작해 반 년 만에 6,000달러 이상을 벌어들였다고 합니다.

서던 캘리포니아 대학에 진학한 베니오프는 1984년 여름 방학에 애플에서 아르바이트를 하는 귀중한 경험을 하게 되었습니다. 그는 그때 스티브 잡스(1985년에 애플에서 추방당함)가 어떻게 개발자들을 독려했는지, 애플 정신을 어떻게 사회 구석구석까지 퍼뜨렸는지를 바로 가까이에서 본 것이 정말 멋진 경험이었다고 말했습니다. 그러나 이듬해 잡스가 추방당한 애플에서 다시 인턴으로 일했을 때, "내가 정말 좋아했던 꿈에 가득 찬 애플의 분위기가 사라져가고 있었다."라고 말했습니다.

졸업을 한 베니오프는 래리 엘리슨이 이끄는 오라클에 입사해 오라클 사상 최연소 부사장까지 역임했습니다. 그리고 입사한지 10년이 지난 1996년경부터 이후 세일즈포스로 이어지는 아이디어에 대해 고민하기 시작했습니다.

베니오프의 말에 따르면 당시 기업용 소프트웨어는 설치하는데 반년에서 1년 정도가 걸리고, 하드웨어나 네트워크에도 투자를 많이 해야만 했습니다. 또한 CD-ROM으로 제공되는 소프트웨어 패키지는 수백만 달러나 되는 가격이었습니다. 이런 상황이었기 때문에 일부 대기업들 밖에 이용할 수 없었습니다.

베니오프는 SaaS(Software as a Service) 타입의 인터넷을 통해 이용할 수 있는 소프트웨어를 제작하려고 구상했습니다. 소프트웨어 회사에서 시스템을 관리하기 때문에 고객은 번거롭게 인스톨 작업을 할 필요가 없습니다. 사용자들이 소액의 사용료를 매월 지불하고 인터넷에 접속하기만 하면 세계 어디에서 어느 컴퓨터를 사용하든 최신 소프트웨어를 이용할 수 있는 서비스였습니다.

이 아이디어에 대해 구상하면서 베니오프는 '인터넷을 기반으로 한 소프트웨어가 기존 오프라인 소프트웨어를 능가할 것이다'라고 확신했고, '다른 사람에게 의지하지 않고 스스로 이 꿈을 실현하겠다'라고 생각했습니다. 그렇게 1999년 3월에 세 명의 동료와 함께 작은 임대 맨션에서 세일즈포스 닷컴을 설립했지만 기존과는 다른 새로운 서비스를 제공하는 것이 간단하지는 않았습니다.

❓ 당신의 선택은?

고객이 기존의 익숙한 서비스에서 자사의 새로운 서비스로 이전해 주기를 원한다면 여러분은 어떤 방법을 활용하시겠습니까? 광고에 힘을 쏟으시겠습니까? 혹은 다른 회사보다 더 저렴하게 가격을 책정하시겠습니까?

❗ 이렇게 해결해라!

베니오프는 업계 최초로 '무료 체험'을 도입했고 다섯 명의 사용자들에게 일 년 간 무료로 서비스를 이용하게 했습니다.

제품에는 자신이 있었지만, 업계 최초로 발매하는 제품이라면 고객들이 광고대로 동작할 수 있는지, 보안 문제는 없는지 불안해할 수 있습니다. 그래서 베니오프는 먼저 사용을 해보게 한 다음 그들의 의견을 듣고 제품을 개선하면 큰 성공을 거둘 수 있다고 생각한 것입니다.

서버를 오픈한지 몇 개월 동안 무료로 이용을 시작한 고객들 중에서 유료로 전환하는 고객들도 나오기 시작했습니다. 기능이 기대를 충족했고, 비용은 기존 소프트웨어보다 훨씬 더 저렴하다는 사실도 이미지를 호감으로 변모시키는 데 기여했습니다. 그리고 이러한 성공이 고객 확보로 이어지게 되었습니다.

그 후 인터넷 버블이 붕괴되어 베니오프에게도 위기가 닥쳤지만 비즈니스 모델을 수정하는 것과 같은 대책으로 위기를 벗어났고, 2004년 6월에 뉴욕 증권 거래소에서 상장했습니다. 이 회사의 특징은 기업을 대상으로 한 클라우드 서비스의 선구자라는 사실에 더해 비영리 단체나 자선 단체를 지원하기 위해 제품 가격 1퍼센트, 주식 1퍼센트, 일하는 시간의 1퍼센트를 기부하는 '1-1-1 모델'로 대표되는, 창업 이래 가장 독특한 사회 공헌 방책을 실시했습니다.

누구나 처음 론칭 하는 서비스를 이용하려 하면 조금 망설여질 것입니다. '일단 사용해 보게 하는 것'이 계기를 만들 수 있습니다. 완전히 새로운 서비스나 제품으로 성공하고 싶다면 우선 사용해 보도록 한 다음에 사용자의 반응을 보고 서비스 내용이나 가격을 수정해 나가는 것이 중요합니다.

9

"업무에 문제가 발생했을 때 어떻게 해야 할지 모르겠다"

에릭 슈미트(구글 전 CEO)

Eric Emerson Schmidt

　미국의 유망한 IT 기업에 투자한 벤처캐피털에서는 창업을 하는 사람들에게 풍부한 경험을 가진 사람을 경영자로 영입할 것을 종종 요구합니다. 스티브 잡스도 존 스컬리라고 하는 전문 경영인을 스카우트했었고, 일론 머스크도 최초로 설립한 회사인 ZiP2에서 한때 다른 사람에게 경영을 맡긴 적도 있습니다.

　물론 빌 게이츠나 제프 베이조스처럼 창업부터 계속 CEO를 역임한 사람도 있습니다. 그러나 구글을 창업한지 얼마 되지 않은 1999년 봄, 투자자인 클라이너 퍼킨스와 스퀘어 캐피털은 창업자인 래리 페이지와 세르게이 브린의 재능을 높이 평가하였고, '검색 엔진의 이익을 극대화할 수 있는 비즈니스로 변환하기 위해 경험이 풍부한 업계의 전문가를 고용하겠다'는 의향을 강하게 밝혔습니다.

뛰어난 검색 엔진은 있었지만 이익을 창출하기 위한 비즈니스 모델을 가지고 있지 않았던 구글에 2,500만 달러를 투자한 이상, 반드시 이익을 창출히는 기업이 되어야 했습니다. 두 사람은 이에 동의했으나 차례로 등장하는 후보자들을 거절했고 CEO 선별에 난항을 겪게 됩니다. 약 16개월 동안 사태는 전혀 진전이 없었고 곤란한 상황에 처한 존 도어(클라이너 퍼킨스)는 '이 사람이라면 괜찮겠다'며 에릭 슈미트를 추천했습니다.

도어는 슈미트에게 '보석이기는 하지만 원석이어서 연마해야 합니다'라고 의뢰했습니다. 창업자 두 명과 면담을 한 슈미트는 두 사람과 적어도 90분은 의논해야 한다고 했습니다. 페이지는 '언젠가 당신이 필요해질 것'이라고 말했고, 이에 슈미트는 '회사가 성장하면 나의 경험이 분명 도움이 되리라고 본다'고 답했습니다. 그리고 계약이 성립했습니다. 지금까지 둘은 모든 후보자들을 탈락시켰지만 슈미트에게서는 마음에 드는 점을 여러 가지 찾았습니다. 워싱턴 DC 인근에서 태어난 슈미트는 프린스턴 대학에서 전기 공학을 전공했으며, 캘리포니아 대학 버클리 캠퍼스에서 전기 공학 석사 학위와 계산기 과학 박사 학위를 취득했습니다. 더 나아가 'PARC'로 잘 알려져 있는 팔로 알토 연구소와 벨 연구소에 근무했고, 썬 마이크로 시스템에서 JAVA 개발에 몸담았으며 노벨에서는 CEO를 역임했습니다.

다시 말해 슈미트는 단순히 CEO를 역임한 것뿐만 아니라 창업자 두 사람이 선호하는 컴퓨터 사이언티스트였으며 연구자로서의 일면도 가지고 있었습니다. 그리고 두 사람은 무엇보다도 슈미트가 '실패를 경험'했다는 것에 주목했습니다.

썬 마이크로 시스템에서 근무할 무렵에 슈미트는 독립형 프로그래밍 언어인 JAVA 개발을 진두지휘하며 마이크로소프트에 도전장을 내밀었습니다. 비록 이러한 노력이 모두 성공으로 이어지지는 못했지만 슈미트에게는 도전을 위해 꼭 필요한 독립적인 정신이 있었습니다. 두 사람은 더 나아가서 마이크로소프트와 경쟁을 했던 경험은 향후 구글이 경험하게 될 유사한 형태의 경쟁에서도 대단히 큰 도움이 될 수 있을 것이라고 평가했습니다.

슈미트는 썬 마이크로 시스템에서와 마찬가지로 노벨 CEO 시절에도 대단히 힘든 싸움을 경험했습니다. 노벨 CEO 취임 전, 슈미트는 회사의 수치 지표들에 크게 주의를 기울이지 않았습니다. 그러나 취임하고 나서 바로 '회사가 진정한 위기에 봉착했다'는 것을 알게 되었습니다. "그 해 여름에 '최악의 한 달'을 경험했다. 무엇을 하든 잘되지 않는 날이 계속 이어졌다. 어느 날, 더 이상 견딜 수 없게 되어 동료에게 '나는 인간성을 잃어버리기 전에 이 상황에서 벗어나고 싶다'고 말하기까지 했다."라고 회고합니다.

❓ 당신의 선택은?

리더의 입장에서 늘 속에 목까지 잠겨 있는 상황에 처했다면 여러분은 어떻게 하겠습니까? 뭘 해도 잘되지 않을 때, 어떤 점을 명심할 것인지 마음에 정해두었습니까?

이러한 이야기를 들은 슈미트의 친구는 슈미트에게 '비행기가 일단 비행을 시작했다면 다른 건 아무것도 생각하지 않아도 된다'라는 조언을 했습니다. 비행 중에는 신속한 결단이 필요하기 때문입니다.

❗ 이렇게 해결해라!

'한 가지 점에 집중하고 우선 결단을 내린 다음, 그 결과를 받아들인다. 그리고 필사적으로 이 행동을 반복하면 된다.' 이러한 조언 덕분에 슈미트는 노벨에서의 힘든 시기를 극복할 수 있었다고 합니다.

'이 상황에서 빠져나가고 싶다'라는 에피소드 이후에 슈미트는 이렇게 덧붙여 말했습니다. "사람들은 시험에 직면해서야 비로소 진정으로 중요한 것이 무엇인지를 배우게 된다."

창업자 두 사람은 이런 경험까지도 포함해 슈미트가 가지고 있는 지식과 경험이 모두 필요하다고 생각했습니다. 그리고 2001년에 슈미트는 구글 CEO로 취임했습니다. 2009년에 마이크로소프트에서 검색 엔진 'Bing'을 론칭했을 때, 구글 측은 큰 불안에 휩싸였지만 이러한 상황에서 검색 엔진 강화라는 한 포인트에만 집중한 결과 구글 인스턴트나 화상 검색과 같은 새로운 기능을 탄생시키면서 확고부동한 입지를 다졌습니다.

어떻게 하든 업무가 잘 풀리지 않는 위기 상황에 빠져 있어서 너무 괴롭고 어떻게 해야 좋을지 모르는 상황에 처했습니다. 그런 곤경에 빠져있다면 중대한 문제 단 하나에만 집중해서 신속한 결단을 내리는 것이 무엇보다 중요합니다. 신속한 의사 결정 습관이야말로 난국을 헤쳐나가는 데 도움이 됩니다.

10

"창업은 하고 싶은데
자금이 없어요"

래리 페이지(구글 창업자)

Lawrence Edward Page

미국 미시간주에서 출생한 래리 페이지는 미시간 주립대학에서 컴퓨터 사이언스와 인공지능을 가르치는 교수인 아버지와 대학에서 강의를 하다가 데이터베이스 컨설턴트로 전향한 어머니 사이에서 태어나, 이과 계열 집안에서 자랐습니다. 형의 영향도 있어서 일찍이 컴퓨터에 친숙했으며 과학 기술에 대한 관심도 대단히 높았습니다.

그러한 환경에서 자란 페이지는 12세에 읽은 니콜라 테슬라의 전기에서 큰 영향을 받게 됩니다. 테슬라는 토머스 에디슨에게 필적할 정도의 천재(일론 머스크의 '테슬라 모터스'라는 회사명도 그를 기념해 지은 것)였습니다. 그러나 에디슨만큼 성공하지는 못했고 불운한 말년을 보내고 있었습니다. 페이지는 일찍부터 '세계를 바꾸어 놓을 발명을 하고 싶다'

라고 생각했지만 테슬라의 삶을 알게 되고 나서 이렇게 생각하게 되었습니다. "어떤 것을 발명하기만 해서는 전혀 의미가 없다. 사회에 영향을 미치기 위해서는 발명품을 세상에 출시하고 사람들이 사용해 주는 것이 무엇보다 중요하다. 나는 아마 12세 때부터 어떤 것으로든 사회를 창조하리라고 마음먹고 있었다."

이윽고 스탠퍼드 대학 대학원에 진학한 페이지에게 기회가 찾아왔습니다. 당시에 페이지는 졸업 논문을 위해 검색 기능을 사용하고 있었는데 검색 결과가 항상 불만족스러웠습니다. 보다 뛰어난 검색 엔진을 만들 수 없을지 계속해서 방법을 찾던 페이지는 어느 날 꿈을 꾸었습니다. 그는 이렇게 회고합니다. "23세 때의 일이었다. 한창 꿈을 꾸고 있다가 갑자기 한밤중에 눈을 떴는데, 이런 생각이 머리에 떠올랐다. '만약 모든 웹사이트를 다운로드하고 해당 링크들을 기록해 둔다면 어떻게 될 것인가' 나는 즉시 펜을 들고 아이디어를 계속해서 적어 내려갔다. 때로는 꿈속에서 의식적으로 눈을 뜨는 것도 중요하다. 하룻밤 내내 자세하게 써 내려가보니 이 아이디어는 성공할 것이라는 생각이 들었다."

페이지는 즉시 지도 교관 테리 위노그라드 교수에게 의논하면서 이렇게 단언했습니다. "웹사이트를 다운로드하는 데 2~3주가 걸리겠지만 실현할 수 있는 아이디어라고 생각합니다."

교수는 페이지가 말한 '2~3주'라는 기간이 결코 불가능하다는 것을 잘 알고 있었지만, 조용히 수긍했습니다. 페이지 본인도 굳이 현실적으로 계산할 생각은 없었습니다. 페이지는 이러한 생각 자체를 중요하게 여겼습니다. 페이지가 중요하게 여긴 생각이란 바로 '불가능하다고 생각되는 일에는 주의를 기울이지 않을 것'이라는 생각이었습니다. 큰 목표를 향해 나아갈 때 계산이 먼저 서버리면 시작하기 전에 이미 '이런 건 도저히 할 수 없다', '불가능하다', '해봤자 성공하지 못한다'라며 포기하게 되기 쉽습니다. 그러나 페이지는 '이렇게 하겠다고 결심한 목표를 향해 나아갈 때는 어느 정도 바보가 되어야 한다', '해낼 수 있을 리 없다고 여기는 일에 도전해야만 한다'라는 생각을 신조로 삼았습니다.

페이지의 말에 따르면 동일한 꿈이라 하더라도 규모가 어마어마하게 큰 꿈을 가지는 편이 실현시키기 더 쉽다고 합니다. 그 이유는 어마어마하게 큰 꿈이나 장대한 꿈을 위해 진심으로 노력하는 사람은 거의 없고, 라이벌이 없으며 경쟁 상대도 없기 때문에 진심으로 노력하기만 하면 꿈을 실현시킬 가능성이 높아지기 때문입니다.

그렇다고는 하지만 페이지나 공동 창업자인 세르게이 브린 둘 다 대학원을 졸업해 학자가 되려는 목표를 가지고 있었기에 학교를 그만두고 회사를 창업하기에는 불안정한 부분이 있었습니다. 그리고 당연한 얘기지만 회사를 운영할 자금도 없었습니다. 그럼에도 불구하고 둘은 '차세대 검색 엔진'을 만들기 위해 구글을 창업했습니다.

❓ 당신의 선택은?

주변 사람들은 자금에 대한 걱정을 합니다. '그런 게 만들어지면 좋기야 하겠지만, 자금은 어떻게 할 거야?'라는 걱정은 새로 시작하는 사업에 반드시 따라다니는 것입니다. 당연한 말이겠지만 여러분이라면 이런 상황에서 어떻게 하시겠습니까? '맞는 말이야'라고 하며 포기할 것입니까, '자금이 나올 곳이 명확해지면 시작하자'라고 생각할 것입니까, 아니면 다르게 행동 하시겠습니까?

페이지는 "일단 지켜보시기 바랍니다. 어떻게든 해보겠습니다."라는 대단히 낙관적인 태도를 보였습니다.

❗ 이렇게 해결해라!

페이지는 돈에는 눈길을 주지도 않고 누구나 사용할 수밖에 없는 뛰어난 서비스를 제공하는 데에만 오로지 집중했습니다. 세세한 점은 신경 쓰지 않고 우선 형태를 만들고 실현하는 편을 선택한 것입니다. 이렇게 만들어진 결과물이 평가를 받은 다음에야 비로소 자금을 제공하는 사람들이 모여들기 시작할 것이었습니다.

교수의 소개로 만난 앤디 벡톨샤임이나 클라이너 퍼킨스의 존 도어, 스퀘어 캐피털 마이클 모리츠와 같은 거물들이 자금을 제공하자 구글의 성장은 순식간에 가속화되었습니다. 그렇게 1998년에 창업한 구글은 2004년에 주식을 공개했습니다.

문자 그대로 꿈만 같은 멋진 아이디어를 떠올렸지만 이를 실현하기 위한 자금이 없습니다. 시간이 얼마나 걸릴지도 짐작이 가지 않습니다. 실현할 수 있을지 알 수 없기 때문에 실패에 대한 위험 부담도 있는 상태입니다. 그렇지만 이 아이디어가 머리에서 떠나지 않습니다.

그렇다면 여러분도 페이지처럼 생각을 해본다면 좋을 것입니다.

　큰 꿈은 대부분의 경우 주변에서도 그리고 자기 자신도 '불가능하지 않을까'라면서 포기해버리기 쉽습니다. 그러나 페이지가 말한 것처럼 큰 꿈에 진심으로 도전하는 사람은 거의 없습니다. 다시 말해 역설적이기는 하지만 큰 꿈일수록 성공할 확률이 올라간다고도 할 수 있습니다. 이것은 낙관적이면서 의외로 논리적인 생각입니다. 그리고 뒤에서 소개할 마이클 델의 성공 법칙과 마찬가지로 '절대 불가능하다'라는 생각이 드는 아이디어일수록 성공했을 때 획득할 수 있는 보상역시 커집니다.

11

"저렴한 제품으로 고객을
만족시키면서도 이익을 내려면?"

잉바르 캄프라드(이케아 창업자)

Feodor Ingvar Kamprad

잉바르 캄프라드는 1926년에 스웨덴 엘름타리드라는 벽촌 농장에서 태어났습니다. 그곳은 가난한 지역이었습니다. 다행히 캄프라드가는 할머니 파니이의 노력 덕분에 힘든 생활을 보내지는 않았지만 어린 캄프라드는 '아버지를 도왔으면 좋겠다'는 생각을 가지고 있었습니다. 그래서 캄프라드는 다섯 살 때부터 물건을 팔기 시작했습니다.

캄프라드는 다섯 살 때 성냥을 싸게 100박스 사들인 다음, 주변 어른들에게 한 박스씩 파는 것을 시작으로 크리스마스카드나 벽 장식, 연필을 판매했습니다. 열한 살 때는 씨앗 파는 곳에서 씨앗을 구매한 다음 근처 농민들에게 판매하기까지 했습니다. 그리고 열일곱 살 때는 회사를 설립해 '이케아(IKEA)'라는 이름을 붙였습니다.

처음에는 외국에서 수입한 만년필과 같은 물건을 통신 판매했습니다. 그러던 어느 날 팔걸이가 없는 의자를 취급했는데 이 제품이 날개 돋친 듯 팔려 1948년부터는 사원을 한 명 고용해서 본격적으로 가구 통신 판매를 시작했습니다.

그러나 경쟁이 치열했고 가격이 저렴한 대신 품질이 좋지 않은 가구를 판매했기 때문에 소비자의 불만이 컸습니다. 고객의 신뢰를 얻어서 이익을 창출할 수 있는 새로운 방법을 찾아야만 한다고 생각한 캄프라드는 통신 판매와 가구 전시장을 합치는 획기적인 방법을 고안해 냈습니다.

그 방법이란 소비자가 카탈로그를 보고 마음에 드는 가구가 있으면, 전시장에 직접 가서 해당 가구의 품질을 확인하고 주문합니다. 그러면 업체 공장에서 구매자의 집으로 가구를 배송하는 방식이었습니다. 1953년에 캄프라드는 꽤 번화한 도시이자 철도가 잘 갖추어진 엘름홀트에 가구 전시장을 만들었고, 이 아이디어 덕분에 이케아의 매출이 급격하게 상승했습니다. 1950년 중반에는 카탈로그를 50만 부나 발행해야 할 정도로 성공을 거두었습니다.

그러나 다른 문제가 또 발생합니다. 통신 판매로 공장에서 가구를 배송할 때 흠집이 생기거나 파손되는 가구가 너무 많았습니다. 이 문제를 해결하기 위해 테이블 다리를 분리해서 평평한 포장(플랫 팩) 상태로 운송하고, 조립은 구매자에게 맡기되 초보자도 조립할 수 있는 가구를 만들자는 아이디어가 탄생했습니다. 평평한 포장으로 인해 운송비도 저렴해지고 가구가 파손될 위험도 거의 사라졌습니다.

그러자 이번에는 수요에 상품 재고가 따라가지 못하는 새로운 문제가 발생했습니다. 가구를 저렴하게 대량으로 판매하는 이케아는 기존 가구 업체들이나 판매업자들에게는 가격 파괴를 일으키는 아웃사이더였습니다. 그렇기 때문에 많은 업체들이 이케아와의 거래를 중지했고, 이케아는 가구를 확보할 방법을 찾아야 하는 문제에 직면했습니다.

? 당신의 선택은?

저렴한 제품을 판매한다면 소비자는 기뻐하겠지만, 업계에서는 경원시되는 일이 빈번합니다. 여러분이라면 대량의 가구를 생산하기 위해 어떤 방법을 적용해 볼 것입니까?

캄프라드는 자회사를 설립해 가구를 사입하기도 하고, 인근 나라인 덴마크에서 사입하는 등 다양한 아이디어를 적용해 보았지만 여전히 사입한 물량이 판매량을 따라가지 못했습니다.

! 이렇게 해결해라!

이번에도 캄프라드는 놀라운 해결법을 찾아냈습니다. 공산국인 폴란드 무역상에 편지를 써서 목공업 전통 기술을 보유한 폴란드 가구 업체와 제휴하기를 희망한다고 한 것입니다. 그 당시 상식으로는 상상조차 할 수 없을 정도로 대담하고 기발한 행동이었고, 사회적인 상식을 뒤집는 한 수였습니다.

1961년에 폴란드를 방문한 캄프라드는 폴란드 공장에 기계류를 배송한 다음, 기술을 지원해서 가구를 생산했습니다. 이러한 방법으로 냉전 상황의 엄격한 수출입 규제를 잘 피해서 대량의 가구를 저렴하게 입수할 수 있게 되었습니다. 폴란드에서 가구를 수입하는 데 성공하면서 이케아는 스웨덴 가구 업자들이 실현하기 불가능한 가격으로 가구를 판매할 수 있게 되었습니다. 그뿐만 아니라 인테리어 잡지에서 상품을 테스트했을 때 이케아 가구는 타사 고가 상품의 3분의 1 가격이면서 품질 면에서도 타사보다 뛰어남을 증명해 압도적인 우위성을 획득했습니다.

이렇게 이케아는 급성장하기 시작했습니다. 그 과정에서 캄프라드는 '형태가 아름답고 기능성이 뛰어난 가구와 인테리어 상품을 가능한 한 많은 사람이 구입할 수 있는 적당한 가격으로 다양하게 제공한다'는 생각을 계속 추구했습니다. 그리고 사원들에게는 계속해서 '가격을 낮추기 위해서는 어떤 고생도 마다하지 않아야 한다. 우리 회사의 상품은 항상 압도적으로 가성비가 좋아야만 한다'라고 말했습니다. 그 결과 캄프라드는 '전 국민의 집에 가구를 들여놓은 사람'이라는 평가를 받게 되었습니다.

일을 하다가 크나큰 벽에 부딪혔을 때, 일반적인 방법으로는 해결할 수 없는 경우도 있을 것입니다. 그럴 때 상식적인 사람이라면 떠올리지도 못할 방법까지 가능성을 넓혀야만 합니다. 그리고 그러한 방법을 떠올리기 위해서는 캄프라드처럼 굳건한 신념을 가져야 합니다.

12

"브랜드
파워가 없다"

로버트 우드러프(코카콜라 전 CEO)

Robert W. Woodruff

'세계 최고의 투자가' 워런 버핏이 사랑해 마지않은 회사 중 하나로 코카콜라가 있습니다. 버핏은 하루에 코카콜라를 몇 병이나 마실 정도로 좋아했습니다. 코카콜라를 그 정도로 좋아하게 된 것은 코카콜라가 판매되기 시작한 여섯 살 때부터라고 합니다. 코카콜라의 주식은 주가의 변동을 볼 필요도 없이 10년, 20년 정도가 아니라 영원히 가지고 있고 싶다고 말하기도 했습니다.

코카콜라의 압도적인 브랜드 파워를 만들어낸 것은 1980년에 90세의 나이로 로베르토 고이주에타(버핏이 대단히 높이 평가했던 인물)에게 최고 경영자 자리를 물려주기 전까지 약 60년 동안 코카콜라 회사를 이끌어온 로버트 우드러프였습니다.

우드러프는 코카콜라 회사의 창업자가 아니었습니다. 우드러프의 아버지가 1919년에 에이서 캔들러 가문에서 코카콜라 사를 매수했고, 1923년에 화이트 모터즈의 부사장이었던 우드러프를 사장으로 임명했습니다.

우드러프는 청량음료 업계에는 흥미가 없었을 뿐더러, 화이트 모터즈보다 연봉도 낮았습니다. 게다가 당시의 코카콜라 회사는 거액의 부채를 지고 있던 어려운 경영상태에 처해 있었습니다. 그렇지만 자신의 의견만 주장하는 아버지보다 더 잘 해낼 수 있음을 보여줄 절호의 기회라고 생각해 사장으로 취임했으며, 회사를 성장시키기 위해 해야 할 일을 고민하게 되었습니다.

❓ 당신의 선택은?

경영 상태가 좋지 않은 청량음료 기업이라면 당연히 브랜드 파워도 존재하지 않습니다. 만약 여러분이 사장으로 취임했다면 브랜드 파워를 끌어올리기 위해 무엇부터 시작하겠습니까?

우드러프는 장대한 계획을 세웠습니다. 본격적으로 시작한 모터리제이션(Motorization, 자동차가 사회와 대중에 널리 보급되어 생활 필수품으로 바뀌는 현상) 흐름에 편승하기 위해서 간선 도로변 옥외 광고 간판에 대대적으로 광고를 걸었고, 코카콜라 상표를 넣은 캘린더나 종이 냅킨을 미국 전역에 뿌렸습니다. 이 모든 활동은 코카콜라를 국민 음료로 만들기 위해서였습니다.

❗ 이렇게 해결해라!

우드러프의 목표는 모든 미국인들의 손에 닿는 곳에 코카콜라가 있게 하는 것과 코카콜라는 성공을 향해 나아가는 사람들이 마시는 음료라는 이미지를 심어주는 것이었습니다.

그에 더해 우드러프는 코카콜라 제조법을 밝히지 않음으로써 베일에 싸인 신비로운 이미지를 구축했습니다. 그는 단 한 장 밖에 없는 오리지널 조합 문서를 아버지가 경영하는 은행 대여 금고에 맡겼습니다. 제조법을 알고 있는 사람은 중역 두 명 밖에 없고, 이 둘은 같은 비행기에 타지 않는 등 철저한 기밀 유지 정책을 통해 코카콜라의 신비감을 높였습니다.

코카콜라의 이미지를 확고하게 굳힌 것은 제2차 세계대전 때였습니다. 우드러프는 비용에 전혀 신경 쓰지 않고 어느 전쟁터에서든 병사들이 5센트만 있으면 코카콜라를 구매할 수 있게끔 전쟁터 여기저기에 공장을 설립했습니다. 그는 이렇게 지시했다고 합니다. "비용이 얼마나 많이 들든 간에 모든 전쟁터에서 병사들이 5센트로 코카콜라를 구매할 수 있게 하라."

공장을 설립하는 데 어마어마한 비용이 발생한다 하더라도 회사의 좋은 이미지를 유지하고 다음 세대의 고객을 확보할 수 있다면 비용은 문제가 되지 않는다고 생각한 것입니다. 이윽고 많은 전설이 탄생했습니다. 훈련 중에 충돌이 발생해 겨우 생명을 건진 조종사가 의식을 되찾고 나서 처음으로 '코카콜라를 마시고 싶다'고 말했습니다.

노르망디 상륙 작전을 지휘한 아이젠하워는 '필요한 것이 있는지' 물으면 항상 '콜라를 가져와 수시오'라고 대답했습니다. 기자들 앞에서 코카콜라를 단숨에 마신 아이젠하워는 부탁이 하나 더 있다고 하면서 '한 병 더 줬으면 좋겠는데'라고 말한 적도 자주 있었습니다.

그들에게 맥주는 갈증을 해소해 주는 음료이지만, 코카콜라는 친구들과 함께 마시던 그리운 추억과 고향에서 보내던 나날을 떠올리게 하는 음료였던 것입니다. 아이젠하워는 코카콜라가 전의를 고취시키는 데 결정적인 수단이 될 것이라고 생각했을 정도였습니다. 1945년에 코카콜라는 자국 이외의 전 세계 63개소에 보틀링 공장을 가지게 되었고 유럽과 미국, 중동, 동아시아에서까지 생산하게 되었습니다.

코카콜라를 세계적인 브랜드로 끌어올린 우드러프는 1980년에 최고 책임자의 자리를 고이주에타에게 넘겨주었습니다. 하지만 1984년에 임원직을 그만둘 때까지 '진정한 보스'로서 회사를 계속 이끌어 나갔습니다. 버핏의 말에 따르면 코카콜라가 주식을 공개한 1919년에 최초 가격인 40달러에 주식을 구매한 사람들이 중간 시점의 가격 변동에 흔들리지 않고 계속 보유하면서 배당금도 모두 재투자했다면 60년 정도 지난 1982년에는 한 주에 80만 달러의 가치를 가지게 될 것이었습니다. 코카콜라는 전쟁이나 공황에 패배하지 않고 자신의 '가치'를 끌어올렸던 것입니다.

상품을 판매하려면 브랜드 파워가 대단히 중요합니다. 브랜드 파워는 처음부터 존재하는 것이 아닙니다. 수많은 기업들과 서비스 제공자들은 브랜드 파워를 만들고 키워 나가야 합니다. 브랜드 파워에는 높은 품질뿐만이 아니라 누구나 알고 있는 스토리를 만드는 것도 중요합니다. 단순히 물건이 아니라 애착과 애정이 있어야 비로소 브랜드가 탄생하는 것입니다. 이 점을 우드러프는 멋지게 실천했습니다. 만약 여러분이 자사 및 서비스 혹은 자신의 브랜드 파워를 향상시키고 싶다면 우드러프의 방법을 답습해 봐야 할 것입니다.

2장

선택의 벽
– 결단의 시간

13

"순조로운 인생을 버리면서까지
도전해야만 하나?"

제프 베이조스(아마존 창업자)

Jeffrey Preston Bezos

제프 베이조스는 어린 시절부터 발명을 좋아했고 공부를 잘하는 아이였습니다. 그는 엑슨의 중역이 된 아버지가 전근을 가게 되면서 마이애미 팔메토 고등학교에 입학했습니다. 베이조스는 680명 중에서 가장 높은 성적으로 졸업했고, 명문 프린스턴 대학도 수석으로 졸업했습니다. 그는 미래에 우주에 가 보고 싶다는 꿈을 이루기 위해 일찍부터 자신의 회사를 설립해 키우려는 꿈을 가지고 있었습니다. 그래서 그전에 비즈니스 시스템에 대해 배워야겠다고 생각해, '프린스턴에서 가장 우수한 컴퓨터 사이언스 전공 졸업생'을 필요로 하는 뉴욕 벤처 기업 파이텔의 열한 번째 사원으로 입사했습니다.

베이조스는 이 회사에서 전 세계 투자가들과 금융 기관을 이어주는 글로벌 네트워크 구축을 담당했고, 1988년에 뱅커스 트러스트 사로 이직해 프로그래밍 분야 팀장을 거쳐 약관 26세의 나이에 부사장으로 승진했습니다.

당시 금융 기관 고객들은 자신의 구좌 정보를 확인하기 위해 매달 우편물로 발송되는 서류를 기다려야만 했습니다. 베이조스는 '이 새로운 기술에 확신을 가지고 있습니다. 어떤 것인지 실제로 보여드리겠습니다.'라고 말하며 주변의 반대를 무릅쓰고 고객이 자신의 컴퓨터를 사용해서 확인할 수 있게 했습니다.

1990년에 베이조스는 '완벽하게 개발된 우뇌와, 역시 완벽하게 개발된 좌뇌를 가진 사람 중 한 명'이라고 평가받는 데이비드 쇼가 설립한 D.E. 쇼의 부사장으로 발탁되었습니다. 이곳에서 베이조스는 발전 단계에 있었던 인터넷의 커다란 가능성을 깨닫게 되었습니다.

1994년에 그는 인터넷이 연간 2,300%의 비율로 성장하고 있다는 통계를 보게 되었고, '이 정도의 성장을 보인다면 과연 어떤 사업 계획이 적합할 것인가'를 고민했습니다. 빠른 성장은 기회를 의미합니다. 머지않아 많은 사람들이 사용하게 될 것임이 분명한 인터넷에 세계 최대 규모의 소매 사이트를 만들자는 생각을 하게 된 베이조스는 먼저 한 마켓에 집중하기로 하고, 후보로 20가지 상품을 리스트업 한 다음 비교 검토했습니다.

그는 음악과 책에서 가능성을 느꼈습니다. 특히 책은 많은 장점이 있었습니다. ① 책을 모르는 사람은 없다 ② 가짓수가 압도적으로 많다 ③ 모든 책에는 ISBN이 부여되어 있기 때문에 인터넷 판매에 꼭 필요한 데이터베이스를 만들 수 있고, 컴퓨터를 활용하기에 적합하다

④ 구입이 편리하다 ⑤ 압도적인 거대 기업이 존재하지 않는다. 이처럼 많은 장점을 알아차린 베이조스는 '인터넷상에서 책을 판매한다'는 아이디어에 확신을 가지게 되었습니다.

그래서 그는 이 계획을 상사인 쇼에게 이야기했습니다. 그러나 제안은 기각되고 말았습니다. 베이조스는 이 아이디어를 도저히 포기할 수 없어서 퇴사를 결심했습니다. 쇼는 베이조스에게 결단을 내리기 전에 48시간 동안 생각하는 것이 좋다고 조언했습니다.

❓ 당신의 선택은?

여러분이라면 어떻게 하겠습니까? 지금의 업무는 보기에도 멋질 뿐 아니라 수입 역시 더할 나위 없습니다. 그러나 눈앞에 아직 아무도 눈길을 준 적이 없는 '오직 나만 알아차린' 기회가 보입니다.

베이조스는 생각을 거듭한 끝에 이렇게 결론을 내렸습니다. '80세가 되었을 때 1994년 중순을 떠올리며 이 최악의 타이밍에 월스트리트에 있는 회사를 그만두고 보너스도 받지 못한 걸 후회할리는 없습니다. 오히려 세계를 변화시킬 원동력이 될 인터넷에 몸을 던지지 않았을 경우, 시도했으면 좋았을 것이라고 후회할 가능성이 있다고 생각했습니다.'

회사를 퇴사한 베이조스는 바로 시애틀로 이주했습니다. 1994년 7월에 회사를 설립하고, 이듬해 7월부터 서비스를 시작했으며 1997년 5월에 이미 주식을 공개했습니다. 대단히 순조롭게 보이는 상황이지만, 퇴사한 당시에 베이조스는 자신이 성공할 확률을 겨우 30퍼센트 정도로 예상하고 있었다고 합니다.

! 이렇게 해결해라!

그 이유는 인터넷 이용자는 분명 계속 증가하고 있지만, 인터넷에서 책을 구매한다는 방식이 일반적이 될 때까지는 꽤 시간이 걸릴 것이라고 생각했기 때문입니다. 한편 '실패를 각오하면 마음이 가벼워집니다'라고 말한 것처럼, 이러한 각오가 있었기에 성공으로 이어질 수 있었습니다.

절대 실패해서는 안 된다고 생각하면 대담하게 도전할 수 없습니다. 베이조스는 혁신에는 반드시 실패가 따르기 마련이며, '실패를 허용하지 않는 회사는 결국 절망적인 상황에 빠지게 된다'라는 생각을 가지고 있었습니다. 차분히 일에 전념할 각오가 되어 있다면 눈앞의 실패는 그다지 중요하지 않습니다. 창업 이래 변함이 없는 이러한 자세야말로 베이조스가 경이로운 성공을 거둘 수 있었던 이유였습니다.

일본의 은퇴한 한 프로 야구선수는 FA 자격을 취득한 당시에 더 큰 규모의 리그에 도전하려고 진지하게 고민했습니다. 그러나 결국 환경이 갖추어지지 않아 포기했습니다. 그는 감독으로 일하기도 했지만, 더 큰 규모의 리그를 포기한 것이 현역에서 은퇴한 지금까지도 후회로 남아있다고 말했습니다.

도전한다고 해서 반드시 성공이 보장되는 것은 아니지만, 베이조스는 자신이 80세가 되었을 때 회고할 모습을 상상해 보고, 후회할 만한 일들을 최소한으로 줄이려는 방식으로 결단을 내렸다고 말했습니다. 이러한 '후회 최소화 법칙'과 '실패를 각오하면 마음이 가벼워진다'는 사고방식은 업무뿐만 아니라 더 나은 인생을 살아가는 데 도움이 될 것입니다. 또한 지금은 누구나가 알고 있는 거대한 아마존 제국 역시, 처음에는 베이조스 본인조차도 '성공 확률은 겨우 30퍼센트'라고 생각했다는 점을 반드시 기억해야 할 것입니다. 최종적인 꿈인 우주여행을 실현시키기 위한 흔들림 없는 여정 역시도 성공 확률 30퍼센트에서 시작한 것입니다.

14

"성공에 도움을 준 사원이나 사업과 결별을 고해야 하나?"

리드 헤이스팅스(넷플릭스 창업자)

Wilmot Reed Hastings, Jr

리드 헤이스팅스는 미국 상류층 출신이었지만 대학을 졸업한 1983년에 비영리 단체인 평화 부대에 입대했으며, 수학 교사로 아프리카 스와질란드(현 에스와티니)에서 3년간 지냈습니다. 그 후 대학원에 진학해 컴퓨터 공학 석사 학위를 취득하고, 창업한 회사를 4년 만에 주식 공개하는 성공을 거두었습니다. 그는 "주머니에 10달러만 넣은 채 아프리카를 히치하이킹으로 횡단하는 것에 비하면 비즈니스를 시작하는 것은 그다지 두렵지 않다."라고 회고했습니다.

수 년 후, 회사를 매각해 거액의 돈을 손에 넣은 헤이스팅스는 이전 부하 직원이었던 마크 랜돌프가 고안한 '인터넷과 이메일을 가지고 DVD를 빌릴 수 있게 하는 서비스'를 제공하기 위해 1997년에 넷플릭스를 창업했습니다. 처음에는 랜돌프가 CEO를 역임했고 헤이스팅스는 자금 지원을 담당할 뿐, 경영에는 거의 간섭하지 않았습니다. 그러나 영화 DVD를 우편을 사용해 정액제로 대여한다는 서비스는 획기적인 아이디어였음에도 불구하고 첫 시도였기 때문에 생각한 만큼 수익이 창출되지 않았습니다. 또한 전 세계 9,000곳이나 되는 비디오 대여 매장을 보유한 블록버스터라는 거대한 라이벌과도 경쟁해야만 했습니다. 얼마 지나지 않아 CEO가 된 헤이스팅스는 여러 가지 곤란한 문제에 직면했습니다.

2001년에 미국에서 닷컴 버블이 붕괴하면서 헤이스팅스 역시 사업 자금을 조달하는 데 어려움을 겪었습니다. 사원들을 해고하지 않으면 회사가 살아남기 힘들다고까지 느껴지는 상황이 되었습니다. 그래서 120명의 사원들 중 3분의 1에 해당하는 40명을 해고하기로 결심하고, 인사 담당자와 함께 사원 개개인의 회사 공헌도를 평가했습니다. 일을 잘 하지 못하는 사원들은 단 한 명도 없었지만 공헌도가 높은 80명과 그렇지 않은 40명을 나눠야만 했습니다.

그러나 경계선상에 있는 사원들을 분류하기란 쉽지 않았습니다. 해고될 그룹에 들어간 사람들은 ① 동료나 지인으로는 정말 좋은 사람이지만 업무 진행은 평범한 사원, ② 일에 대한 열정은 어마어마하지만 판단력이 부족해 손이 많이 가는 사원, ③ 재능이 뛰어나 성과를 잘 내고 있지만 푸념이 많고 후회하는 사원들이었습니다. 헤이스팅스는 이 리스트를 살펴보면서 '상당히 고통스러운 일이 될 것 같다'며 우울해했다고 합니다. 그리고 아내에게 '몹시 예민해져 있는 것 같다'라는 말도 들었습니다.

기업의 벽

? 당신의 선택은?

여러분이라면 일시 해고를 단행하겠습니까? 해고 또는 일시 해고를 하지 않으면 회사가 버틸 수 없습니다. 그러나 해고를 단행한 후 남아 있는 사원들이 반발하면 이 또한 회사가 버틸 수 없는 상황이 됩니다.

! 이렇게 해결해라!

헤이스팅스는 해고를 결행했습니다. 예상했던 대로 해고를 통보하는 것은 괴로운 일의 연속이었습니다. 소리 내어 우는 사람이 있는가 하면 화를 내며 고성을 지르는 사람도 있었습니다. 회사에 남는 사원들 중에서도 눈물을 글썽이는 사람이 있었습니다. 헤이스팅스의 등장으로 회사 분위기가 '가족 같은 직장'에서 '경쟁 지상주의 직장'으로 변모했다는 목소리도 있었습니다.

헤이스팅스는 해고를 단행해 사원들의 사기가 더욱 저하된다면 회사도 버틸 수 없을 것이라고 걱정했습니다. 그러나 폭풍이 지나간 다음 회사 분위기는 예상과는 반대로 극적으로 좋아졌으며 열정과 에너지, 아이디어로 가득 차게 되었습니다.

헤이스팅스는 120명 중에 포함되어 있었던 평범한 사원들을 해고하고 우수한 사원들만 남겨 '능력의 밀도'를 향상시켰기에 우수한 사원들이 일하고 싶고, 일 한 보람을 느끼는 회사로 변모했다고 분석했습니다.

이후 헤이스팅스는 이렇게 생각했습니다. "앞으로 넷플릭스의 최우선 목표는 일시 해고 후의 능력 밀도와 이로 인한 훌륭한 효과를 유지하기 위해 모든 수단을 강구하는 것이다. 나는 접수처부터 시작해 최고 간부에 이르기까지 넷플릭스의 모든 사원들이 업무 수행과 협조성에서 최고의 인재인지 철저히 살피게 되었다."

아마도 헤이스팅스는 사원뿐만 아니라 사업과 관련해서도 동일한 생각을 적용했을 것입니다. 위기를 극복하고 2002년 5월에 주식 공개를 앞둔 헤이스팅스는 2007년 1월에 중핵 사업인 DVD 대여 서비스를 스트리밍 서비스 '인스턴트 뷰잉'으로 전환할 것을 검토했습니다.

기업 입장에서 자사를 성공으로 이끈 사업에 사망 선고를 하는 것만큼 어려운 일은 없을 것입니다. 그러나 해당 사업에 계속 매달리기만 한다면 해당 사업뿐만 아니라 기업 자체의 존속이 위태로워집니다.

'DVD만 고집하면 회사 자체도 같이 쓰러진다'라고 생각한 헤이스팅스는 누군가에게 먹힐 정도라면 자신이 직접 먹는 편이 낫다고 생각했습니다. 그래서 보유 작품 수가 겨우 1,000개 남짓 밖에 되지 않았지만 스트리밍 서비스를 시작했습니다. DVD 서비스를 분리해 버리려는 시도는 사용자들의 반발을 받아 철회했지만 스트리밍 서비스와 해외 진출은 가속화했습니다.

이후 넷플릭스는 오리지널 작품도 제작하기 시작해 아카데미상 및 골든 글로브상과 같은 영광스러운 상도 수상했으며, 좋게 평가하는 사람도 나쁘게 평가하는 사람도 수없이 많은 상황에서 콘텐츠 제국으로 성장했습니다.

지금까지의 성공만 고집하거나 너무 많은 것을 끌어안고 있으면 앞으로 나아가는 속도가 느려집니다. 공격은 잘 하지만 수비나 후퇴를 어려워하는 사람도 있습니다. 헤이스팅스도 그랬던 것처럼 지금까지 함께 걸어온 사원들이나 사업과 결별하려 하면 엄청난 불안감을 느끼게 됩니다. 그러나 무엇을 지키고 무엇을 버려야 하는지 확실히 구분하고, 때로는 대담하게 버릴 줄 알아야 길을 개척할 수 있습니다.

15

"문득 '나는 이 일을 좋아하지 않아' 라는 성찰이 왔다"

비즈 스톤(트위터 창업자)

Christopher Isaac Stone

지금은 X로 이름을 바꾼 SNS 트위터는 네 명이 함께 만들었습니다. 그중 한 명인 비즈 스톤은 고등학생 시절부터 '직접 움직여 스스로 일을 이루어낸다'는 좌우명을 가지고 있었습니다. 성공에는 운과 노력을 빼놓을 수 없습니다. 운은 자신이 어떻게 할 수 없는 요소이지만, 기회를 자신의 손으로 만들어낸다면 운을 잡을 수 있는 확률도 상승한다는 것이 스톤의 생각이었습니다.

스톤은 노스 이스턴 대학을 거쳐 매사추세츠 대학으로 진학했습니다. 그때 아르바이트를 하던 리틀 브라운 사에서 담당한 책 커버 디자인으로 인정받아 전 시간 디자이너로 일하기 위해 대학을 중퇴했습니다. 그 후 웹 회사를 함께 차리려고 의기투합한 친구들과 블로그 서

기업의 벽

비스인 '젠가(Xanga)'를 설립합니다. 그러나 이윽고 그곳을 퇴사해 다른 일을 하면서 블로그에 글을 투고하는 한 치 앞이 보이지 않는 나날이 이어졌습니다.

그러던 그에게 반전의 기회가 도래했습니다. 2003년 구글에서 후에 스톤과 함께 트위터 사를 창업하는 에반 윌리엄스의 회사인 '블로거'를 매수하면서 반전의 기회가 시작되었습니다. 윌리엄스는 지금까지 서브컬처를 탐닉하는 사람들이 노는 공간에 지나지 않았던 블로그를 누구나 알 수 있는 사이트로 바꾸어놓은 인물입니다. 스톤은 용기를 내서 윌리엄스에게 '사람을 고용할 기회가 생기면 알려주십시오'라고 메일을 보냈습니다.

그러자 스톤의 블로그를 구독하던 윌리엄스에게서 함께 일하지 않겠느냐는 연락이 왔습니다. 원래 구글은 학력을 중시하는 회사이기 때문에 스톤처럼 대학을 중퇴한 사람은 절대 채용하지 않았습니다. 그렇지만 윌리엄스의 도움으로 스톤은 간신히 채용되었고, 구글 블로그 파트에서 일하게 되었습니다.

생각했던 것만큼 일이 잘 풀리지 않아 빚만 늘어가고 있던 스톤에게는 인생 대역전의 기회였습니다. 그런데 2년 후 스톤은 스톡옵션 권리를 도중에 포기하고 '오데오'라는 스타트업 회사로 이직했습니다. 그 이유는 윌리엄스가 새로운 회사를 창립하면서 함께 하자고 권유한 것 때문이었습니다.

당시 오데오에서는 '팟캐스팅' 서비스를 만들고 있었는데, 벤처 캐피털에서 자금 투자를 받은 '전도유망한 서비스'였습니다. 그런데 2005년에 애플이 아이튠즈 팟캐스팅 기능을 발표하면서 상황이 완전히 달라졌습니다. 애플에서 전력으로 팟캐스팅을 지원하면 오데오가 설 자리가 없었습니다. 살아남기 위해서는 애플에 지지 않는 서비스, 애플이 흥미를 보이지 않고 있는 팟캐스팅 소셜 기능을 강화해야만 했습니다. 이때, 스톤은 더 중요한 점을 알아차렸습니다.

"우리는 이것(팟캐스팅)에 사활을 걸고자 하는 생각이 없었다. 우리가 만들고 있는 것을 우리가 좋아하지 않는다면, 그리고 우리 자신이 열정적인 사용자가 되지 않는다면 실패하고야 말 것이다. 나는 내가 흥미를 느끼지 않는 일은 하지 않겠다."

❓ 당신의 선택은?

업무가 순조롭든 그렇지 않든 간에 지금 자신이 하고 있는 일은 사실 그다지 좋아하지 않는 일이며, 완전히 몰두하지 못한다는 것을 깨닫게 되었다면 여러분은 어떻게 하겠습니까? 만약 그 일이 수입이 많거나 다른 사람들이 부러워할 만한 일이라면 어떻게 하겠습니까?

애플을 이끌고 있는 잡스의 대단한 점은 철저히 '직접 사용하고 싶은 제품과 서비스'를 만들려는 데 있습니다. 진정으로 '마음에 드는' 것을 만들기 때문에 열심히 노력할 수 있고, 완전히 몰입해서 일할 수 있는 것입니다.

'이대로는 안된다'고 생각한 스톤은 윌리엄스에게 '즉시 손을 때고 지금 우리가 가지고 있는 자금으로 몰두할 수 있는 일을 시작하자'라고 제안합니다.

그리고 나서 사내에서 해커톤(hackathon)을 실시한 결과, 결정된 것은 스톤과 잭 도시가 만든 '트위터' 아이디어였습니다. 처음에는 작은 아이디어에 지나지 않았지만 테스트로 만들어 본 결과 다들 완전히 몰두하게 되었습니다.

트위터가 주목을 받기 시작하자 페이스북으로부터 매수 제안이 들어왔습니다. 하지만 스톤과 동료들은 이를 거절했습니다. 이유는 자신들이 시작한 트위터 서비스에 대한 열정이 처음과 다를 바 없으며, 직접 이 서비스를 운영하고 싶다는 것이었습니다.

"잭과 내가 아침에 무엇을 먹었는지 알리기 위해 만들었던 작은 SNS가 여기까지 성장했다. 트위터에서 일하는 사원들에게 그들이 담당하는 일이 얼마나 대단한지 굳이 설명할 필요도 없게 되었다."

스톤은 개발 중이던 팟캐스팅 서비스가 애플 팟캐스팅 출시로 인해 밀려나는 상황에 놓였지만 강력한 라이벌이 등장하든 그렇지 않든 간에 대단한 무언가를 개발하려 한다면 반드시 '마음 깊은 곳에서 좋아해야 한다'고 말했습니다.

대단한 것을 개발하지 못하는 회사의 특징은 사원들조차도 자기 회사의 제품이나 서비스를 사용하지 않는다는 점입니다. 지금 어떤 제품이나 서비스에 몰두하고 있지 않다면 자신이 몰두할 수 있는 것을 찾은 다음, 모형(모크업, mock-up)이라도 좋으니 일단 만들어 봐야 합니다. 어쩌면 여러분이 몰두할 수 있는 '무언가'가 전 세계 사람들을 열광하게 만드는 것이 될지도 모릅니다.

16

"내 가치관에 따라 행동하면
파란이 일어난다"

스티브 워즈니악(애플 창업자)

Steve Gary Woz Wozniak

애플 창업자라고 하면 흔히 스티브 잡스를 주목하기 쉽지만, 애플을 기술적인 면에서 성공으로 이끈 사람은 잡스가 아니라 학생 시절부터 모두가 천재라고 인정한 스티브 워즈니악이었습니다. 워즈니악은 잡스보다 다섯 살 많았는데, 잡스에게 워즈니악은 '자신보다 전자공학을 더 잘 알고 있는 유일한 사람'이었으며, 워즈니악에게 잡스는 '너무 말랐지만 에너지 결정체라는 느낌이었다'라고 말할 정도로 묘하게 잘 맞는 동지였습니다.

어느 날 둘은 잡지에 게재된 '무료로 장거리 전화를 걸 수 있는' 디지털식 블루 박스를 만들어 보자는 아이디어를 떠올렸습니다. 워즈니악은 이 기기를 눈 깜빡할 사이에 만들어냈고, 40달러의 재료비로 제작한 블루 박스를 잡스가 150달러에 팔아치웠습니다. 100대 정도를 만들어 거의 대부분 판매했지만 이 기기는 법에 어긋나는 것이었고, 위험한 상황에 맞닥뜨리기도 했기 때문에 이윽고 그만두었습니다.

하지만 이 경험은 훗날 애플로 이어지는 토양이 됩니다. 잡스는 "블루 박스가 없었다면 애플도 없었을 것"이라고 말한 바 있습니다. 워즈니악도 이렇게 회상합니다. "블루 박스를 판매한 것 자체는 잘한 것이 아니지만, 내 엔지니어링 실력과 잡스의 비전으로 무엇을 할 수 있는지 깨닫게 되었다는 점이 컸다."

얼마 지나지 않아 워즈니악은 휴렛팩커드에서 일하게 되었습니다. 그는 컴퓨터에도 관심이 많았기 때문에 25세의 나이에 애플 I 이라고 하는 개인용 컴퓨터를 만들었습니다. 그리고 잡스가 여기에 관심을 가졌습니다. 잡스는 워즈니악에게 회사를 만들고 애플 I 을 판매하자고 제안했습니다. 이것이 애플의 시작이었습니다. 애플 I 으로 작은 성공을 거둔 둘은 이어서 워즈니악이 만든 애플 II로 승부를 걸어보기로 했습니다. 자금을 지원하는 마이크 마쿨라에게 "2년 안에 포춘 500 기업 안에 선정되어야 한다."라는 말을 들은 잡스는 애플 II를 케이스에 넣어 가전제품의 형태로 판매해 폭발적인 인기를 끌었습니다. 컴퓨터 업계에 일대 혁명을 일으킨 것입니다.

1980년에 애플은 주식을 공개했고, 둘은 억만장자가 되었습니다. 그런데 이때 워즈니악은 자신의 주식을 사람들에게 저렴하게 나누어 주는 상식 밖의 행동을 했습니다. 그 밖에도 자신이 좋아하는 컨트리 풍 음악을 위한 축제를 200만 달러의 비용을 지원해 개최하기도 하고, US 페스티벌이라는 콘서트를 개최하기도 했습니다. 그러나 워즈니악은 이처럼 바보 같아 보이는 행동을 반복하면서 불행하다고 느꼈습니다. 영화관을 구매한 후, 오랜 기간 부부로 살아온 아내와 이혼하고는 고독함에 몸부림쳤습니다.

그렇지만 얼마 지나지 않아 재혼했고 이번에는 조종사 면허를 취득해 비치크래프트 비행기를 구입했습니다. 그리고 새로운 아내를 위해 안쪽에 다이아몬드를 세공한 반지를 제작 의뢰하고자 야간에 샌디에이고로 비행기를 조종해 비행하다가 사고를 일으켜 두 달 가까이 입원하게 되었습니다.

❓ 당신의 선택은?

여러분이라면 이럴 때 어떻게 하겠습니까? 일확천금으로 손에 넣은 돈을 마음껏 소비하는데 주변 사람들이 놀라기도 하고 때로는 좋지 않은 상황에 직면하기도 합니다. 이런 상황에서 여러분은 어떻게 하겠습니까? 즐기기를 그만두겠습니까?

사고를 계기로 워즈니악은 애플로 복귀하지 않고 대학으로 돌아가 졸업을 하려고 마음먹었습니다. 버클리로 돌아간 워즈니악은 졸업에 필요한 엔지니어링 수업을 들으면서 심리학도 전공했습니다. '만약 엔지니어가 되지 못했다면 교사가 되었을 것'이라고 말할 정도로 초등학교 선생님이 되고 싶었던 워즈니악은 넘칠 정도로 막대한 돈을 손에 넣고 꿈이었던 개인 컴퓨터를 만든 다음, 비행기 사고를 계기로 '또 다른 꿈'을 실현하기 위해 발걸음을 내딛기 시작했습니다.

❗ 이렇게 해결해라!

바보 같은 행동을 하는 와중에도 어린이 박물관이나 컴퓨터 박물관을 설립하는 데 힘을 쏟기도 하고, 발레나 오케스트라에 기부하기도 했습니다. 게다가 초등학교에 컴퓨터를 여러 대 기증했으며 10년 동안 컴퓨터를 가르치는 선생님으로 일하기도 했습니다. 그는 즐기기를 그만두지 않았습니다.

워즈니악은 "내가 애플을 창립한 것은 다 쓸 수 없을 정도의 거금을 손에 넣기 위함이 아니었다. 나는 단 한 번도 부자가 되고 싶다는 생각을 한 적이 없다."며 "부나 재산으로 손에 넣은 요트나 그 밖의 것들은 내가 웃고 있는 시간만큼 나를 행복하게 해주지는 못했다."라고 말했습니다.

이처럼 그는 무엇보다도 웃음과 즐거움을 중시했습니다. 일련의 바보 같은 소동으로 "돈은 소비해 버렸지만 그건 그렇게 중요한 문제가 아니다. 중요한 것은 사람들이 그 장소에서 즐거운 시간을 보냈다는 것이다. 나는 단지 모두를 웃게 하고 싶었다. 그리고 그때 모두 즐거워했을 것이라 생각한다."라고도 이야기했습니다. 워즈니악에게 돈이란 사람들의 미소와 행복을 위해 사용하는 것이었습니다.

자신의 가치관에 충실한 선택과 행동을 했을 때 다른 사람들이 놀라거나 위화감을 느낀 경험을 한 사람들도 있을 것입니다. '손해 보는 거야'라거나 '좀 과한 것 같은데'라는 말을 들은 적이 있을 수도 있습니다. 그러나 인생의 우선순위는 당연히 사람마다 다릅니다.

돈이 가장 중요한 사람도 있는 반면에 다른 사람들에게 비웃음을 당한다 할지라도 자신의 가치관에 충실하게 살아가는 것이 가장 중요한 사람도 있습니다. 가족이 첫 번째인 사람도 있고, 취미가 가장 중요한 사람도 있습니다. 자신이 살아가는 방식을 스스로 이해하고 인정하는 것은 업무에도 좋은 영향을 미칠 것입니다.

17

"일하는 장소나 내가 있을 곳은 무엇을 기준으로 정해야 하는가"

마리사 메이어(구글 전 부사장, 야후 전 CEO)

Marissa Ann Mayer

마리사 메이어는 중류 계층 가정에서 태어나 공립학교를 다녔습니다. 어렸을 때는 수줍음을 많이 탔지만 고교 시절에는 클럽 활동에서 리더 역할을 했으며, 학생회 회계와 토론회 회장 그리고 치어리더 단장까지 맡게 되었습니다.

메이어는 하버드 대학 등 상위 10개 대학에 원서를 냈는데, 모든 대학에 합격할 만큼 뛰어났습니다. 어느 대학이 자신에게 가장 잘 맞을지 신중하게 비교하고 검토한 끝에 스탠퍼드 대학에 진학하기로 결정했으며, 후에 뇌과학자가 되려고 생각했습니다.

그때 당시에도 그리고 그 후까지 메이어의 선택에 큰 영향을 미친 것은 '로라 베크먼 이야기'였습니다. 피아노 선생님이었던 조안 베크먼은 메이어에게 자신의 딸 로라에 대해 이런 이야기를 했다고 합니다.

고등학생인 로라는 배구 팀에 들어가려고 했습니다. 입부 테스트를 받은 로라는 ① 대표 팀에 들어가서 계속 벤치에 앉아 있을지, ② 주니어 팀에 들어가서 선발 멤버로 활약할 것인지, 둘 중 하나를 선택해야 했습니다. 로라는 전자를 선택했습니다. 그 이유는 '비록 시합에 나가지 못한다 하더라도 우수한 선수들과 매일 함께 연습하면 자신도 더 잘 하게 될 수 있다고 생각했기 때문에'라는 것이었습니다.

대표 팀에서 로라는 1년 동안 벤치만 지켜야 했습니다. 그러나 2년 차에는 주전 자리를 획득할 수 있었습니다. 반대로 두 번째 선택지를 고른 아이들은 첫해에는 주니어 팀에서 활약할 수 있었지만, 대표 팀에 들어간 이후 계속 벤치에 있어야 했습니다.

스탠퍼드 대학 컴퓨터 공학과 석사 과정을 거친 메이어는 여전히 우수했으며 졸업하는 해에 12개의 기업에 합격했습니다. 그중에는 당시 사원이 열 몇 명밖에 없었던 작은 스타트업인 구글도 있었습니다.

❓ 당신의 선택은?

복수의 선택지가 있는 경우, 여러분이라면 무엇을 기준으로 선택하겠습니까? 보수? 명예? 어릴 때부터 가졌던 꿈? 여러분의 마음속에 정해둔 선택 기준이 있습니까?

메이어가 구글과 동일한 상황의 스타트업 기업 성공 확률을 계산해 보니 '도산 확률 98%'라는 경악할 만한 숫자가 튀어나왔습니다.

！ 이렇게 해결해라!

합격했던 기업들 중 맥킨지와 같은 다른 기업들과는 비교도 되지 않을 만큼 리스크가 컸습니다. 그러나 면접에서 만난 구글 사원의 현명함에 완전히 매료된 메이어는 '로라 베크먼의 이야기'와 같은 선택을 했습니다. 구글을 선택한 것입니다.

메이어는 입사한 다음 '최고의 사람들에게 둘러싸여 그들과 부대끼다 보면 나도 성장할 수 있다'라고 말할 수 있을 정도의 천재들이 모여 있고, 그들이 무언가 대단한 일을 하려고 한다는 것을 확신했습니다.

구글 최초 여성 엔지니어인 메이어가 담당한 업무는 어마어마했습니다. 메이어는 하루에 4시간만 자며 다른 사람이 혀를 내두를 정도의 맹렬한 기세로 업무를 수행했습니다. 구글의 수많은 제품들에 대해 엔지니어답게 데이터를 기반으로 개선 제안을 하고, 실행에 옮겨 두각을 나타냈으며 입사 6년 차에는 무려 상품 검색 및 사용자 경험 담당 부사장으로 발탁되었습니다.

그러나 2011년에 경영 위원회 참가 자격을 잃게 되면서 메이어는 입사한 이후 처음으로 허탈함을 느꼈습니다. 이러한 상황에 메이어는 야후에서 'CEO가 될 생각이 없느냐'는 제안을 받게 됩니다. 맹렬한 하드 워커는 언제든 있을 곳을 찾습니다. 메이어는 2012년 7월, 37세의 젊은 나이에 야후 CEO로 취임했습니다.

하지만 1994년에 창업한 야후의 황금기는 아득히 옛날에 지나가

버렸으며 메이어가 참가했을 때는 이미 쇠락하고 있는 회사였습니다. 그러나 메이어는 구글에 있었을 때와 마찬가지로 냉렬하게 일했습니다. 뒤처져있는 모바일 사업을 강화함과 동시에 100개 이상 존재했던 제품들을 10개로 줄이고, 미디어 사업을 추진했으며 더 나아가 수많은 매수도 진행했지만 애석하게도 성과가 나지 않았습니다.

2017년 6월에 야후 주력 사업은 모두 버라이즌 커뮤니케이션에 매각되었으며, 메이어도 2,300만 달러의 퇴직금을 받고 회사를 떠나게 되었습니다. 시대의 흐름에 뒤처진 기업을 재건하는 것은 우수한 사람들 중에서도 더욱 뛰어났던 하드 워커 메이어에게도 불가능했던 것입니다.

자신이 있을 장소를 결정할 때, 매력적인 사람들과 우수한 사람들이 있는 곳을 선택한다는 생각은 여러분의 성장을 가속화할 것입니다. 동시에 메이어의 사례에서 아무리 뛰어난 기수도 짐말을 타고 있다면 이길 수 없다는 것도 배울 수 있습니다. 열심히 일하는 것도 중요하지만 '어디서 일할 것인지, 누구와 일할 것인지' 잘못 선택하면 노력이 결실을 맺을 수 없습니다. 메이어는 현재 2018년에 설립한 자신의 회사를 경영하고 있는데, 젊었을 때부터 다양한 경험을 한 메이어가 앞으로 어떤 선택을 할지 주목해 보고 싶습니다.

18

"회사의 이익과 사원의 복지 중
무엇이 중요할까"

하워드 슐츠(스타벅스 전 회장 겸 CEO)

Howard Schultz

하워드 슐츠는 뉴욕의 극빈자를 대상으로 한 공영 주택에서 자랐습니다. 제2차 세계대전 때 종군한 아버지는 퇴직 직후에 황열병을 앓기 시작해 생활고에 빠졌습니다. 학력이 좋지 않았던 아버지는 소형 트럭 운전기사가 되었지만 배달 도중 부상을 입고 해고당했으며, 산업 재해나 건강 보험료를 지원받지 못했습니다. 깁스를 하고 누워있는 아버지를 보았을 때의 심정에 대해 슐츠는 이렇게 말했습니다.

"7세였던 나는 이 사건이 내 생활에 어떤 영향을 미칠지 알 수 없었다. 그러나 부모님의 고생을 보면서 내 마음에는 사라지지 않는 상처가 생겼다. 슬럼가에 살고 있는 사람들의 고통에 두 배나 예민해진 것 같았다."

슐츠는 가난한 가정에서 자랐지만 다행히 스포츠에 뛰어나 아메리칸 풋볼 특대생으로 노던 미시건 대학에 진학해 제록스에 입사했습니다. 그리고 그 후 잡화 회사 부장을 거쳐 매장이 불과 네 군데밖에 없었던 스타벅스에 입사했습니다. 스타벅스는 1982년에 슐츠가 마케팅 책임자로 시애틀 1호점에서 일했을 무렵에 시작되었습니다. 당시에는 커피콩과 가루를 봉투에 담아 가정용으로 판매하는 가게였으며, 음료는 판매하지 않았습니다. 1년 후, 이탈리아를 방문한 슐츠는 에스프레소 바를 여러 군데 방문해 바리스타가 만든 커피를 마신 다음 "여기는 그냥 커피를 마시고 잠깐 쉬는 곳이 아니다. 극장이다. 여기에 있는 것 자체가 멋진 경험을 하는 것"이라며 감동했습니다.

미국으로 돌아간 슐츠는 이탈리아에서 경험한 것을 시애틀에서 재현하고 싶다고 스타벅스 창립자들에게 제안했지만 거절당했습니다. 슐츠는 퇴직한 후 1986년에 자신의 회사인 일 조르날레(Il Giornale)를 설립했고, '지구상에서 가장 멋진 커피 바'를 목표로 삼았습니다. 1987년에 슐츠는 일을 너무 크게 벌여 경영난에 빠진 원 고용주에게서 가게와 배전 공장을 사들였으며, 회사명을 자신의 회사인 일 조르날레가 아니라, 스타벅스로 유지하기로 결정했습니다.

미국 전역에서 사랑받는 커피 브랜드를 확립하고 '스타벅스 체험'을 제공하는 것이 슐츠의 꿈이었습니다. 회사가 성장하는 과정에서 슐츠는 또 한 가지 시도를 했습니다. 어렸을 때 본 아버지의 모습이 눈에 선명했던 그는 이러한 이상을 꿈꾸었습니다. "아버지가 한 번도 일할 기회를 얻지 못했던 종류의 회사 조직을, 기업 이익과 양심의 균형을 유지하는 회사를 만들고 싶었다." 겉치레라고 말하는 사람들도 있겠지만 슐츠는 진심이었습니다. 스타벅스가 11개 매장에 사원이 100명인 규모일 무렵, 슐츠는 자신의 회사에서 일하는 모든 스태프들에게 건강보험과 자사 주식 구입권을 제공하고 싶다고 말해 투자자들에게서 맹렬한 반대를 받았습니다.

❓ 당신의 선택은?

당시 스타벅스는 규모가 작았고 사원들에게 그 정도로 후한 복지를 제공할 단계는 아니었기 때문입니다. 현실적으로 보면 일리 있는 말이지만 슐츠는 이상을 품고 있었습니다. 여러분이 슐츠와 같은 이상을 가지고 있다면 어떻게 하겠습니까? 시기를 변경하겠습니까, 아니면 단행하겠습니까?

❗ 이렇게 해결해라!

슐츠는 포기하지도, 강제로 결행하지도 않았습니다. 오히려 그는 스태프들에게 투자하면 이직률이 낮아지고 업무 능률도 향상된다고 적극적으로 투자가들을 설득했습니다.

그리고 국민 건강 보험이 아니라 미국 건강 보험에 가입할 수 있게 되고, 더 나아가 자사주까지 구입할 수 있다면 사원들이 자신의 회사라는 소속감을 가지고 일할 것이라고 생각했습니다.

얼마 지나지 않아 스타벅스는 훌륭한 브랜드로 성장했습니다. 슐츠는 2014년에 깜짝 놀릴 만한 계획을 공표했습니다. 스타빅스 측이 애리조나 주립 대학과 제휴를 맺고, 매주 20시간 이상 근무하는 미국 전체에 있는 스타벅스 사원(당시 대상자 13만 명)들에게 완전 무상으로 온라인 대학 강의를 제공한다는 것이었습니다. 미국에서 대학을 졸업하기 위해서는 엄청난 비용이 필요합니다. 그렇기 때문에 대학 진학의 꿈을 포기하거나 중퇴하고 스타벅스에서 일하는 사람들도 많았습니다. 슐츠는 그런 모든 직원들에게 대학에서 학사 학위를 취득할 수 있는 기회를 제공하기로 결정한 것입니다. 슐츠는 대학 졸업 자격을 취득하면 더 좋은 직장을 구해 퇴사하는 사원도 있을 것이지만, 이 계획은 인재의 질을 향상시키고, 회사 브랜드와 평판을 높이며, 더 나은 인재를 영입할 수 있는 힘이 될 것이라고 말했습니다. 슐츠는 "만약 회사의 핵심 목적이 '종업원을 최우선으로 하는 것'이라는 원칙에 근거해 있지 않았다면 비즈니스는 성공하지 못했을 것이며, 우리는 지금 여기에 존재하지 않았을 것이다."라고 말했습니다. 슐츠의 경우 사원들의 복지를 위하는 것이 성공으로 나아가는 지름길이었던 것입니다.

회사의 목적은 이익을 창출하는 것이지만, 그렇다고 해서 사원들에게 희생을 강요하는 것은 옳지 않습니다. 그러나 사원들에게 투자하고, 사원들을 소중히 여기는 팀을 만들고 싶다 해도 주변에서 심하게 반대하는 경우도 있습니다. 슐츠는 '사원들의 복지를 위하는 것'과 회사의 이익이 반드시 상반 관계에 있지는 않음을 알려주었습니다. 사내 복지를 제공해서 좋은 멤버들을 육성하고, 좋은 팀을 만들 수도 있는 것입니다.

19

"실패하면 회사가 망할 수 있는 궁극의 선택을 내려야 한다"

앤디 그로브(인텔 전 CEO)

Andrew Stephen Grove

인텔 창업자 중 한 명인 앤디 그로브는 한때 '미국에서 가장 시끄러운 보스'라고 불렸으며, 스스로 '파라노이아(병적일 정도로 걱정하는 것)'라고 칭할 정도로 투쟁심으로 가득 차 있는 엄격한 상사였습니다. 그 이유는 그의 출생과도 관련이 있다고 합니다.

유대인으로 헝가리에서 태어난 그로브는 제2차 세계대전 후에 조국을 떠나 오스트리아로 망명했고 1957년에 미국으로 건너갔습니다. 뉴욕 시립 대학을 수석으로 졸업하고 캘리포니아 대학 버클리 캠퍼스에서 박사 학위를 취득했으며, 페어차일드 세미 컨덕터에 입사했습니다.

사람들을 움직이는 일에 뛰어났던 그로브의 재능을 눈여겨 본 로

버트 노이스와 고든 무어는 그로브를 세 번째 사장으로 발탁했으며, 인텔을 창업했습니다. 무어는 "언젠가 당신이 인텔을 움식일 날이 올 것"이라며 그의 자질을 높이 평가했습니다.

처음에는 반도체 메모리를 개발, 판매하는 데 성공했지만 차세대 메모리가 계속해서 탄생하는 상황에 안일하게 있을 수만은 없었습니다. 미국 국내에도 인텔의 라이벌은 많이 있었지만, 1980년대에 들어서면서 일본 업체의 엄청난 공세가 시작되자 그로브는 위기감을 느꼈습니다.

당시 일본제 메모리들은 품질이 좋았고 미국제보다 뛰어났습니다. 인텔 관계자는 '그럴 리 없다'라며 사실을 인정하려 하지 않았지만, 데이터가 정확하다는 것을 알게 되면서 제품 품질 향상에 힘썼습니다. 하지만 이미 크게 뒤처진 상태였습니다. 게다가 일본 업체들은 자본력도 풍부해서 대규모 최첨단 공장을 건설해 전 세계의 반도체 시장을 빼앗기라도 할 기세였습니다.

인텔 회사 내부에서 '메모리만 생산하는 대규모 공장을 건설해서 일본 제품을 이기자'는 제안까지 나올 정도였습니다.

❓ 당신의 선택은?

여러분이라면 어떤 아이디어를 내겠습니까? '언젠가 여러분이 이 회사를 움직이게 될 것이다'라는 말까지 들었던 기업의 운명을 쥐고 있는 순간이 지금이라면 말입니다.

1985년에 그로브는 CEO인 무어에게 "만약 우리가 쫓겨나서 새로운 CEO들이 이사회를 구성한다면, 그들은 과연 어떤 대책을 세울 것이라고 생각하는가?"라고 질문했습니다. 무어는 "메모리 업계에서 철수할 것"이라고 대답했습니다. 그로브는 "일단 문밖의 세상으로 나갔다가 돌아오자. 그리고 그것을 우리 손으로 해내야 하지 않겠는가."라고 말했습니다. 이것이 바로 '전략 전환점'입니다. 이는 기업의 모든 역사에서 근본적인 변화가 일어나는 타이밍입니다. 이러한 변화는 기업이 새로운 단계로 나아가는 기회가 되기도 하지만, 임종을 향해 나아가는 첫걸음이 되는 경우도 있습니다.

❗ 이렇게 해결해라!

그로브는 일본 업체들의 공세를 '전략 전환점'으로 삼았습니다. 이대로는 끝날 수밖에 없는 메모리 사업에서 철수한 다음, 당시로서는 새로운 분야였던 마이크로프로세서 사업으로 진출하기로 결의했습니다.

물론 이러한 전환이 순조롭게 받아들여질 리 없었습니다. 인텔에서는 '메모리 분야야말로 우리가 해야 할 사업'이며 '메모리 사업 없이 인텔이 어떻게 버틸 수 있겠는가'라는 내부의 불안감도 해소해야만 했습니다. 그리고 메모리 사업에 관련된 수천 명의 사원들을 해고하고 메모리를 제조하는 공장도 폐쇄하는 크나큰 고통도 뒤따를 것이었으며, 막대한 자금 손실도 발생할 것이었습니다.

그러나 '아직은 괜찮다'라며 전략 전환점을 간과한 기업들은 쇠퇴하고, 이전의 영광을 결코 되찾을 수 없습니다. 그로브의 말에 따르면 메모리 사업에서 철수하고 마이크로프로세서 사업에서 이익을 창출해 전략 전환점을 지나기까지 3년이 걸렸다고 합니다. 그러나 이러한 결단이 있었기 때문에 비로소 인텔은 세계 최대의 반도체 업체가 되었고 오히려 인텔의 마이크로프로세서가 타사에게 전환점을 제시하게 되었습니다.

이 시기를 놓쳤다면 인텔은 메모리 사업 셰어가 줄어드는 것을 막기 위해 의미 없는 전쟁을 지속하거나 혹은 급성장하는 마이크로프로세서 사업에 뒤늦게 참가했을 수도 있습니다. '파라노이아만이 살아남는다'라는 표현이 그로브의 신조였습니다. 사업 성공의 그림자에는 반드시 붕괴의 씨앗이 있으며 이를 항상 의식해야만 비로소 승리를 거둘 수 있습니다.

이기기 위해서는 직접 개척했던 시장이라 할지라도 대담하게 잘라낼 수 있는 용기와, 유망한 시장에 모든 것을 걸 수 있는 용기가 필요합니다. 전환점에서 주저하거나 간과해버린다면 자신의 목을 조르는 일이 될 것이며, 라이벌에게 득이 될 뿐입니다.

20

"엄청난 돈을 벌었지만 이게
정말 행복한 걸까"

래리 엘리슨(오라클 창업자)

Lawrence Joseph Ellison

기업이나 공기관을 대상으로 하는 데이터베이스 관리 시스템 (DBMS) 프로그램을 개발·판매하는 세계 2위의 소프트웨어 회사(1위는 마이크로소프트) 오라클 창업자 래리 엘리슨은 IT 업계에서도 가장 돈을 잘 쓰는 사람으로 알려져 있습니다. 전 세계에 수많은 자택을 보유하고 있고 교토 난젠지 근처에도 호화로운 일본식 정원이 딸린 별장을 가지고 있습니다. 절친인 고 스티브 잡스도 일찍이 그곳을 방문한 적이 있었습니다. 엘리슨은 항해 경기의 열광적인 팬이자 아메리카스 컵의 오라클 팀 USA의 스폰서로 활동하며 세계 최대 규모를 자랑하는 요트 '라이징 선'도 소유했습니다. 그리고 항공기도 여러 대 보유했으며 이를 직접 조종하기 위한 파일럿 면허까지 취득했습니다.

잡스와 마찬가지로 양자였던 엘리슨은 출신에 고뇌했을 뿐 아니라 양부와의 관계도 좋지 않았지만 대학 시절에는 '의사가 되었으면 좋겠다'는 주변의 기대에 부응하려고 의사가 되려는 목표를 가지고 있있습니다. 그러나 엘리슨은 이윽고 자신이 이 직업을 좋아하지 않는다는 것을 깨닫고 의사가 되지 않겠다고 결심했습니다. 캘리포니아 대학으로 편입한 엘리슨은 첫 번째 아내인 아다 퀸과 결혼하고(엘리슨은 네 번 결혼해 네 번 모두 이혼했다) 탐험 가이드나 락 클라이밍 지도자로 활동함과 동시에 주 2, 3일 정도 컴퓨터 프로그래머로도 일했습니다.

이때 엘리슨은 프로그래머로는 어느 정도 수입을 벌어들이고 있었지만 이직을 거듭했으며 씀씀이도 헤퍼서 아내의 말에 따르면 '수중에 맥주를 마실 정도의 돈밖에 없는데 샴페인을 마시는 것 같은 사치'를 부렸으며, 돈을 벌기보다는 인생을 즐기려 하는 인물이었다고 합니다.

그러던 그에게 전환할 기회가 찾아왔습니다. 세계에서 가장 빠른 IBM의 컴퓨터보다도 더 빠른 메인 프레임 컴퓨터를 만들어 IBM에서 고객을 빼앗자는 목표를 가지고 설립된 암달(Amdahl) 사를 거쳐 암펙스(Ampex) 사로 이직한 엘리슨은 이곳에서 세계 최대 디지털 스토리지 시스템을 구축하는 일에 종사했습니다. 당시 엘리슨이 담당한 데이터베이스 개발 프로젝트 코드네임은 '오라클(Oracle)'이었으며, 이는 후에 엘리슨의 회사와 제품 이름이 되었습니다.

이후 오라클을 창업한 엘리슨은 1977년에 세계 최초 릴레이셔널 데이터베이스를 구축하려는 목표를 가졌습니다. 컴퓨터가 등장하기 이전에는 막대한 정보를 효율적으로 보존, 관리하는 것은 불가능에 가까운 작업이었지만, 컴퓨터가 등장한 이후로도 쉽게 해결되지는 않았습니다.

IBM에서 릴레이셔널 데이터베이스라는 아이디어를 도출해 내고 제품화한 때가 1982년이었던 데 비해, IBM의 연구에서 힌트를 얻어 오라클에서 최초 버전을 발표한 것은 1979년이었습니다. '구축은 가능할지 모르지만 사용하기에 충분한 속도가 나오지 않을 것이다'라는 전문가들의 의견에 반대 의견을 제시하며 도전한 엘리슨의 승리였습니다. 엘리슨은 이후의 어려움도 여러 차례 극복하면서 대부호의 인생을 누렸습니다.

그러나 엘리슨은 2016년 사우스 캘리포니아 대학 졸업식 연설에서 이런 말을 했습니다. "어느 시점 이후부터는 돈이 문제가 아니게 됩니다. 일정 수준을 넘어서면 돈을 다 쓸 수도 없게 됩니다. 열심히 노력해 봤지만 불가능했습니다."

❓ 당신의 선택은?

여러분이 돈을 버는 게 특기여서 막대한 돈을 벌어들였다고 한다면, 무엇을 하려고 할 것입니까?

엘리슨은 친우인 잡스와 교류하면서 돈보다 중요한 것이 있다는 것을 깨닫게 되었습니다. 엘리슨과 잡스의 우정은 30년 동안 몇천 번이나 함께 산책을 하면서 이루어졌다고 합니다. 그중에서도 잡스가 애플로 복귀하는 데 엘리슨이 조력한 일화가 잘 알려져 있습니다.

1990년대 중반에 엘리슨은 위기에 빠진 애플을 매수해 잡스에게 경영을 맡기려고 계획했습니다. 진심으로 그렇게 하려고 했지만 잡스는 엘리슨의 계획에 반대합니다. 애플이 넥스트(애플을 얕본 잡스가 1995년에 설립한 컴퓨터 회사)를 매수했기 때문에 어차피 잡스가 복귀하면 그기 경영을 하게 될 것이었습니다. 엘리슨은 이렇게 물었습니다. "하지만 스티브, 이해되지 않는 것이 하나 있네. 회사를 매수하지 않으면 우리 품에 돈이 들어오지 않잖나." 이 질문에 대한 잡스의 답변은 엘리슨에게 강한 인상을 남겼습니다. "랠리, 내가 자네의 벗이어서 다행이군. 자네는 더 이상 돈이 필요하지 않으니 말일세."

그 후 엘리슨은 잡스가 CEO가 된 애플의 이사로 여러 해 동안 그의 활동을 지원했습니다. 그리고 잡스가 옳았음을 다시금 이해했다고 합니다. 졸업식 연설은 이렇게 이어집니다. "마지막에 남았던 단 하나의 선택지는 그 대부분에서 손을 떼는 것이었습니다."

❗ 이렇게 해결해라!

엘리슨은 "배우거나 발전하는 것을 좋아한다. 경쟁도 좋아하고, 이기는 것도 좋아한다."라고 말하는 한편, 열정을 쏟을 수 있는 일을 찾아낼 때까지 계속 찾기 위한 노력을 기울이는 것이 중요하다고 젊은 사람들에게 이야기했습니다. 그는 기부 계몽 활동인 '더 기빙 플레지(The Giving Pledge)'에도 참여하고 있습니다.

넘칠 만큼 풍족한 자산을 손에 넣고 마음대로 쓸 수 있다면 어느 시기까지는 행복할 수 있습니다. 그러나 이윽고 한계가 찾아온다고 합니다. 그럴 때 허무함을 느끼지 않기 위해 정말 중요한 것은 열정에 불을 붙이는 일을 찾는 것이며, 돈은 그에 따르는 부산물이라는 생각을 가지면 좋을 것입니다.

21

"상식이나 습관에서 벗어난 제안을
하자 맹렬한 반대를 받았다"

마이클 델(델 창업자)

Michael Saul Dell

델 컴퓨터 창업자 마이클 델은 16세 때 '애플Ⅱ'를 선물받으면서 컴퓨터에 푹 빠지게 되었습니다. 그래서 부품을 사서 기능을 보강하는데 힘썼습니다. 그리고 얼마 지나지 않아 컴퓨터를 사서 개조한 다음 친구들에게 팔기 시작했습니다.

부품을 대량으로 싸게 구입해 이윤을 챙기던 델은 이윽고 어떤 의문을 가지게 되었습니다. 그 의문이란 가게에서 완제품을 구입하면 왜 부품 금액을 합산한 것보다 다섯 배나 비싸지는가 하는 것이었습니다. 가격 차이가 그렇게 많이 나는 이유 중 대부분은 컴퓨터 업체의 인건비와 광고료 같은 간접 경비였습니다. 그리고 판매하기 위해 대리점을 통하면 가격은 더욱 상승합니다.

델은 '저렴하게 구입하고 싶다'는 필요에 대한 해결책으로 고객들에게 직접 주문을 받아서 원하는 컴퓨터를 조립해 판매하는 비즈니스 모델을 고안했습니다. 이것이 바로 업계 최초의 직접 판매 방식입니다. 이러한 방법은 지금까지도 많은 업계에서 행해지고 있지만, 당시에는 전대미문의 상상조차 할 수 없는 아이디어였습니다.

❓ 당신의 선택은?

'이 상품이 이렇게 비싼 이유가 이해되지 않는다. 더 저렴하게 판매할 수 있지 않을까? 그러나 이를 실현하기 위해서는 업계의 관습을 타파해야만 한다' 모든 사람들이 당연하다고 생각하고 있는 기존 방식에 대해 '정말 그러한가'라는 의문이 생긴다면 여러분은 어떻게 할 것입니까? 다른 사람들에게 이야기해봐도 '그런 건 무리다', '그런 게 가능할 리 없지'라는 답변만 돌아온다면 어떻게 할 것입니까?

인텔 전 CEO 앤디 그로브는 델의 발상에 대해 이렇게 말했습니다. "컴퓨터를 고객의 특정한 니즈에 맞춰 커스터마이징하고, 집까지 (이 경우 전화로 주문을 받고 컴퓨터를 포장해서 택배로 발송하는 방식) 배송 판매한다면 대학 동기들 외에도 구매를 원하는 사람들이 분명 있을 것이라고 생각했다. 기존 컴퓨터 업계에 몸담고 있는 사람들은 우편으로 컴퓨터를 구입하는 사람이 있을 것이라고는 생각도 하지 못했을 것이다. 개가 하늘을 날 수 없는 것과 마찬가지로 통신 판매로 컴퓨터를 구입하는 사람은 없을 것이라는 생각에 사로잡혀 있었던 것이다. 적어도 기존 체계하에서는 아무도 그런 방법으로 컴퓨터를 구입하려고 생각하지 않았다."

❗ 이렇게 해결해라!

업계 상식을 뒤엎는 아이디어를 실행에 옮겨서 델은 큰 성공을 거두었습니다. 델은 높은 품질의 컴퓨터를 저렴하게 판매해 컴퓨터 판매 분야에 혁명을 일으켰습니다. 그리고 1988년에 23세의 나이로 주식을 공개했고 막대한 부를 손에 넣었습니다.

창업 당시에 델은 텍사스 대학에서 의학을 공부하는 엘리트였는데 대학에서 1학년을 마치고 나서 자퇴했습니다. 사업이 실패로 끝나지는 않을까 하는 두려움은 있었지만, 아직 젊은 나이였기에 잃을 것이 거의 없었으며 "만약 비즈니스가 잘되지 않으면 언제든 부모님의 원래 계획(의사가 되는 것)으로 돌아가서 의학부를 목표로 할 수 있었다."라고 말했습니다.

한편 "아이디어에 관해서는 자신을 가지고 있었다. '그런 건 불가능하다'라는 주변의 의견은 듣지 않는 편이 나을 때도 있다. 나는 자신이 하려고 하는 것에 대해 일일이 다른 사람의 허가나 승인을 받으려고 하지 않았다. 단지 앞으로 나아가면서 목표를 실현하기만 했을 뿐이다."라고 덧붙였습니다.

델은 컴퓨터를 고객에게 직접 판매하는 데 성공했지만 1994년까

기업의 벽

지는 직접 판매와 병행하여 소매점 경유로도 판매를 하고 있었습니다. 델의 말에 따르면 당시 소매업자들이 판매하는 컴퓨터 판매량은 연간 20% 정도의 속도로 성장하고 있었지만 회사는 철수를 고민했다고 합니다. 그 이유는 이익이 낮았기 때문이며, 소매 라인 담당자들은 소매점 판매 촉진을 위해 월마트와 같은 할인 매장에 판매 라인을 확장하려고도 했습니다.

델 컴퓨터에서는 이 아이디어를 일단 채택했지만, 불과 몇 개월 뒤에 델은 할인 매장을 포함해 소매 라인을 완전히 철수하기로 결단을 내렸습니다. 이에 대해 언론이나 전문가들은 '소매 라인을 철수했기 때문에 델은 자체적으로 성장 가능성을 크게 제한했다'라고 비판적인 논조로 평가했습니다. 그러나 델은 이러한 반대 의견을 무시하고 철수를 계속 진행시켰습니다. 그리고 결과적으로 델 컴퓨터는 성공을 거두었습니다.

델은 그 이유에 대해 이렇게 말합니다. "이 판단으로 얻을 수 있었던 진정한 메리트는 철수를 단행해서 회사가 다이렉트 모델에 온전히 집중하게 만들었다는 점이다. 이렇게 생각을 통일하는 것은 강한 단결력을 낳는다."

델 컴퓨터의 약진은 업계에서 당연시되던 생각에 의문을 제기한 것입니다.

업계에는 다양한 상식과 관습이 있기 마련인데, 이에 대해 '왜'라는 의문을 가지는 습관을 들여 보면 좋을 것입니다. 거기에서 아이디어가 탄생하고, 혁명이 시작되는 것입니다.

또한 델이 가졌던 '실패하면 의사가 되면 된다'는 생각 정도는 아니더라도 백업 계획이나 '플랜 B'를 가지고 도전한나면 마음에 여유를 가지고 임하는 데 도움이 될 것입니다. 업계나 사회의 습관에 의문을 가지고 이를 뒤엎는 것은 큰 역풍을 동반합니다. 하지만 성공했을 때의 파장 역시 거대할 것입니다.

22

"두 사업 중 어느 한 쪽을
버려야만 한다"

리처드 브랜슨(버진 그룹 설립자)

Richard Charles Nicholas Branson

리처드 브랜슨은 1950년에 영국 런던 교외에서 태어났습니다. 아버지는 변호사, 어머니는 전 항공기 객실 승무원으로 일한 유복한 가정에서 태어났지만, 리처드의 부모님은 일찍이 자녀들에게 도전을 경험하게 했습니다.

브랜슨이 네 살일 때, 어머니는 집에서 수 킬로미터 떨어진 곳에 차를 세운 다음 혼자서 초원을 횡단해 집으로 돌아오는 훈련을 시켰습니다. 그와 비슷한 무렵에 숙모의 집에서 2주 동안 휴가를 보내고 있을 때, 숙모는 브랜슨이 2주 안에 수영을 할 수 있게 된다면 10실링을 주겠다고 했습니다.

그러나 브랜슨은 아무리 훈련을 해도 수영을 하지 못했고, 숙모는 그에게 마지막 기회를 주었습니다. 용기 있게 강에 뛰어든 브랜슨은 물을 잔뜩 마시면서 필사적으로 발버둥 지다가 드디어 수영을 할 수 있게 되었고 10실링 지폐를 획득했습니다. 그 정도로 큰 액수를 가져 본 적이 없는 브랜슨은 '마치 보물처럼 느껴졌다'라고 회상했습니다. 이렇게 단련했기에 브랜슨은 스포츠는 잘할 수 있었지만, 문자를 읽고 쓰기가 힘든 디스렉시아(그의 경우에는 실독증)라는 장애가 있었기 때문에 공부에는 많은 어려움을 겪고 있었습니다.

모든 교과 과목에서 꼴찌를 할 정도로 공부를 못했고, 학교에서 퇴학당한 적이 있을 정도였습니다. 얼마 안 있어 공립학교에 입학했지만 11세 때 큰 부상을 입은 것이 원인이 되어 스포츠도 할 수 없고, 공부도 할 수 없는 상황이 되었습니다.

유일하게 소설을 쓰는 것에는 열중했는데, 학교 수필 경시대회에서 상을 받아 자신감이 생겼습니다. 얼마 지나지 않아 브랜슨은《스튜던트》라는 잡지를 만들 계획을 세웠습니다.

그러나 학교 성적은 그다지 두드러지지 않았으며 1967년에 학교를 중퇴한 브랜슨에게 교장 선생님은 '자네는 지옥에 가거나 억만장자가 되거나 둘 중 하나일 걸세'라며 작별 인사를 했습니다. 이듬해, 브랜슨은《스튜던트》제1호를 창간했습니다. 믹 재거나 존 레넌의 인터뷰도 실린 본격적인 잡지였지만 수익은 처참했습니다.

어떻게든 해야 한다고 생각한 브랜슨은《스튜던트》에 중고 레코드 통신 판매 광고를 게재했고. 그 결과 산처럼 많은 연락과 본 적도 없는 현금을 손에 넣게 됩니다. 이것이 '버진 메일 오더 레코드'의 탄생이었습니다.

그 후 소매 버진 레코드에서 성공을 거둔 브랜슨은 레코딩 스튜디오를 만들어서 아티스트와 계약을 체결하고 앨범을 발매하기도 했습니다. 브랜슨은 컬처 클럽이나 보이 조지 등과도 계약을 했으며, 영국을 대표하는 음악 레이블로 성장했습니다. 그는 이렇게 벌어들인 수익으로 다양한 사업에 진출했고 1984년에는 브리티시 애틀랜틱 항공을 인수해 버진 애틀랜틱 항공을 설립했습니다.

당시 가격이 저렴한 항공 회사는 피플즈 익스프레스밖에 없었으며, 영국에는 영국 항공(BA)이 절대적인 위치에 있었습니다. 새로운 회사들이 참가할 여지가 충분하다고 생각하기 쉽겠지만 BA는 라이벌을 무너뜨리기 위해서는 무엇이든 하는 곳이었습니다. 실제로 프레디 레이커가 설립한 항공 회사는 도산 상황에 내몰려 비어 있는 항로(런던-뉴욕 왕복)에 들어가려고 했습니다. BA의 무서움을 알고 있는 사람들은 '머리가 어떻게 된 것이 아닌가. 정도껏 해야지'라며 말렸지만 브랜슨 본인은 이 상황을 재미있다고 생각해서 참가하기로 결정한 것이었습니다.

실제로 버진 애틀랜틱은 BA에게 여러 가지 공격을 받았습니다. 버진 애틀랜틱은 적자를 기록하면서도 어떻게든 살아남으려 노력했지만 상황은 여의치 않았습니다. 브랜슨은 자금난을 겪으면서 "태어나서 처음으로 내가 무엇을 해야 하는지 알 수 없었다."라고 말할 정도로 곤경에 처했습니다. 이대로는 도산할 수밖에 없는 상황이었기에 브랜슨은 적자를 기록하는 항공 회사 버진 애틀랜틱을 구하기 위해 많은 유명 음악가들이 소속되어 있고 이익을 창출하고 있는 버진 뮤직을 매각하려고 생각했습니다.

? 당신의 선택은?

순조로운 사업과 새롭게 시작했는데 곤경에 빠진 사업이 있습니다. 주위에서는 상황이 좋지 않은 사업을 철수하라고 조언합니다. 그러나 여러분은 새로운 사업에 애착이 있습니다. 양자택일을 해야 한다면 어느 쪽을 선택하시겠습니까?

! 이렇게 해결해라!

브랜슨은 미래가 있을 것이라 예상되는 신규 사업을 선택했습니다. 그는 그 이유를 이렇게 언급합니다. "어려운 상황에 처한 항공 회사와 레코드 회사를 소유하는 대신, 단단한 입지를 가진 항공 회사와 쏜 EMI에 소속되어 있기는 하지만 단단한 입지를 가진 레코드 회사가 남게 된다."

브랜슨은 버진 뮤직을 5억 6,000만 파운드에 매각해 BA를 상회할 만큼의 현금을 손에 넣었으며, 이를 통해 BA와의 재판에서도 승리를 거두어 멋지게 살아남았습니다.

브랜슨은 자금적인 여유가 없이 비즈니스를 시작하는 사람에게 성공과 실패는 종이 한 장 차이이며, 살아남는 것이 최우선 과제이기는 하지만 "아무리 상황이 어렵다 하더라도 마음속에는 전진하기 위한 큰 그림을 그리고 있어야 한다."라고 말했습니다. 그런 생각이 있어야 살아남고, 성장할 수 있는 것입니다.

안전한 길과 험난한 길 중에서 양자택일이 요구되는 상황이라면 대부분의 사람들은 안전한 길을 선택할 것입니다.

하지만 마음이 가는 대로 어려운 길을 선택해서 성장할 수도 있습니다. '큰 그림'을 계속 그려나가는 도전자 브랜슨이 구축한 버진은 2020년 코로나의 영향으로 경영 파탄에 이릅니다. 하지만 유머를 잃지 않고 어떤 일에든 넓은 마음을 가지고 도전하는 브랜슨이 있기에 경이로운 끈기를 보여주고 있습니다. 앞으로의 귀추가 주목되는 바입니다.

3장

인간관계의 벽
– 집념의 시간

23

"상대가 스티브 잡스?
라이벌이 너무 강력해!"

다니엘 에크(스포티파이 창업자)

Daniel Ek

스웨덴 스톡홀름 근교에서 태어난 다니엘 에크는 어려서부터 이혼한 어머니 손에 길러졌습니다. 그는 '유복한 생활이라고는 할 수 없었지만 음악에 둘러싸여 행복한 유년 시절을 보냈다'라고 당시를 회고했습니다.

비지스나 다이애나 로스를 좋아했던 어머니의 영향으로 에크도 기타를 치기 시작했습니다. 얼마 지나지 않아 비틀스의 곡들도 연주할 수 있게 되었으며 이내 드럼과 베이스, 피아노, 아코디언도 배우기 시작했습니다. 그리고 지역 밴드 두 군데에서 연주할 정도로 음악에 푹 빠졌습니다.

그런 에크가 음악만큼이나 흥미를 가졌던 것은 5세 때 어머니가

사 주신 중고 컴퓨터였습니다. 그 후 어머니와 재혼한 의붓아버지에게서 새로운 컴퓨터를 선물로 받게 된 에크는 더욱 컴퓨터에 빠져들었으며 9세에는 이미 프로그래밍을 시작했고, 11세에는 '빌 게이츠보다 더 뛰어난 사람이 될 거야'라고 주변에 말하고 다닐 정도로 조숙한 소년이었습니다.

중학교에 진학한 에크는 이미 컴퓨터로는 첫째 가는 아이로 잘 알려져 있었으며, 살고 있는 지역 기업의 의뢰를 받아 홈페이지를 제작하기도 했습니다. IT 전문학교에서 인터넷 컨설팅 회사 스플레이의 프로젝트에 참가하기도 하고, 경매 사이트 '트라데라'의 기술 책임자로 일하기도 했으며 더 나아가 같은 학교 학생들을 동원해 홈페이지를 만드는 등 수많은 비즈니스를 담당했습니다.

에크는 당시를 회상하며 "우리는 세계 최고가 될 것이라고 생각했다."라면서도 "아쉽지만 나는 뮤지션으로는 최고가 되지 못했다. 그후 우수한 프로그래머는 될 수 있을지도 모른다고 생각했는데 결국 그것도 무리였다는 걸 알게 되었다."라고 한계를 깨닫고 있었다고 말했습니다.

음악과 테크놀로지를 좋아하고 재능도 있었지만, 그것만으로는 염원하던 세계 최고가 될 수 없었습니다. 목표는 '세계 제일'이었으며 빌 게이츠를 넘어서는 것이었습니다. 다행히 에크는 학생 시절에도 그랬던 것처럼 아이디어를 도출하고 프로젝트를 이끌어 결과를 내는 '기업가 재능'을 가지고 있었습니다.

에크는 프로그래머로는 탑이 아니었지만 사람들에게 프로그래밍을 가르치고, 사람들을 모아 무언가를 만드는 자신의 재능을 깨닫게 되었습니다. 이렇게 '기업가'의 재능을 발견하게 된 것이 그 후의 활약으로 이어졌습니다.

이후 몇 개의 서비스로 실적을 쌓았는데, 가장 자신이 있는 음악 스트리밍 서비스에는 애플이라고 하는 거대한 라이벌이 존재했습니다. '스포티파이'가 탄생했을 때, 음악 스트리밍 시장은 애플이 독점하고 있는 상태였습니다. 게다가 상대는 스티브 잡스였습니다.

❓ 당신의 선택은?

라이벌이 스티브 잡스라면 과연 여러분은 어떻게 하시겠습니까? 잡스가 아니라 하더라도 압도적인 강자가 눈앞을 가로막는다면 어떻게 하겠습니까? 멀리 돌아가고 싶어지진 않겠습니까?

대형 레코드 회사의 임원진과 이야기하고, 거물 뮤지션들을 설득해서 '훔치는' 행위가 횡행했던 음악 스트리밍 세계를 바로잡고, 디지털 음악 시대의 길을 연 것은 틀림없이 잡스의 공적이었습니다. 보통은 이 정도로 강력한 라이벌이 있으면 시장에 뛰어들기를 포기하거나, 애플이 있는 북미 시장을 피하고 승산이 있는 유럽에서 사업에 전념하려고 할 것입니다.

그러나 에크는 사업을 성공시키기 위해서는 미국에서 성공을 거두고 스트리밍 사업에서 세계 최고가 되어야 한다고 생각해, 과감하게도 미국 진출을 결정했습니다. 이것은 애플과 싸워야 한다는 의미였습니다.

！ 이렇게 해결해라!

잡스가 보기에 스포티파이의 방식은 '음악을 무료로 제공한다'라는 용납하기 힘든 서비스였지만, 에크는 먹고살기 위해 음악과 다른 일을 겸업하지 않으면 안 되는 상황인 동료 뮤지션들을 돕고자 애플과는 다른 방식으로 승부를 걸었습니다.

유럽에서 실적을 쌓은 에크는 2009년에 냅스터로 음악 스트리밍 문을 열었고, 예전부터 '해커 동아리'에 같이 있었던 숀 파커(페이스북 초대 CEO)와 만나서 대화를 나누었으며, 피터 틸(페이팔 창업자)과 저커버그(페이스북 창업자) 등 점차 인맥을 넓혀 나갔습니다.

이렇게 잡스를 제외한 많은 IT 기업가들과 안면을 튼 에크는 2011년에 드디어 대형 레코드 회사와 계약에 성공했고 미국 진출을 실현했습니다. 스포티파이는 이제 음악 스트리밍 서비스 분야에서 애플을 제치고 1위가 되었습니다.

강력한 라이벌이 두려워 2인자, 3인자로 만족하고 있다면 결코 1위가 될 수 없으며, 결국은 있을 자리를 잃어버리고 맙니다. 여러분이 하고 싶었던 것, 이루고 싶었던 꿈을 다른 사람에게 빼앗기는 것입니다. 자신이 하고 싶은 것을 이루기 위해서 라이벌에게 이기려면 인맥을 만들고 차별화를 하는 것과 같이 모든 수단을 강구해야 합니다. 혹여 이기지 못했다 하더라도 '무시할 수 없는 존재'가 된다면 존재 가치와 기회가 남아 있으며, 언젠가는 최고가 될 수 있는 가능성도 있는 법입니다.

24

"성공하면 할수록 주변으로부터
미움을 받습니다."

셰릴 샌드버그(전 페이스북 COO)

Sheryl Sandberg

페이스북(현 메타)에서 COO(최고 집행 책임자)를 역임한 셰릴 샌드버그는 비즈니스 업계에서 가장 파워풀한 여성 중 한 명이 되었으며, 경력도 화려합니다. 셰릴은 하버드 대학 경제학부를 수석으로 졸업하고 세계은행에 입사했습니다. 그 후 하버드 비즈니스 스쿨에서 MBA를 취득, 맥킨지에서 컨설턴트로 일했으며, 클린턴 정권 하에서 재무 장관 수석 보좌관으로도 일했습니다.

그야말로 '화려한 경력'이라고밖에 할 수 없지만 이윽고 정권이 바뀌면서 샌드버그는 새로운 직업을 찾기 시작했습니다. 그러던 중 구글 CEO인 에릭 슈미트가 샌드버그에게 입사를 제안했습니다. 그러나 당시는 IT 버블이 터진 직후였으며 창업한지 3년이 될까 말까 하는 구글에 장래를 의탁해도 될지 고민할 수밖에 없었습니다. 고민하는 샌드 버그에게 에릭은 이렇게 말했습니다. "일을 결정할 때의 기준은 단 하나밖에 없다. 그것은 성장 또는 급성장이다."

이 말을 듣고 샌드버그는 구글에 입사하기로 결심했습니다. 이는 후에 샌드버그가 다른 사람들에게 조언을 할 때 자주 사용하는 말로 유명해졌습니다. 성장하는 회사에는 일이 얼마든지 들어오지만, 성장이 둔화된 회사는 일이 줄어들며 일을 하지 않는 사원이 많아집니다. 그런 곳에는 미래가 없습니다.

얼마 지나지 않아 성공을 거둔 구글의 스톡옵션으로 거금을 손에 넣은 샌드버그는 다음 길을 찾기 시작했습니다. 메이저 기업들부터 좋은 조건으로 제안을 받기도 했지만, 샌드버그는 23세의 마크 저커버그가 경영하는 페이스북을 선택했습니다. 입사 전에 샌드버그와 저커버그는 약 50시간이나 대화를 나누었다고 합니다. 입사 이유는 구글에 들어갔을 때와 마찬가지로 직함보다도 기업의 잠재력과 목표를 우선시한 결과였습니다. 역시 급성장이 핵심이었던 것입니다.

말 그대로 '화려한 이직'이었지만 여기에서 샌드버그는 힘든 경험을 하게 됩니다. 페이스북에 입사한 샌드버그는 '거짓말쟁이', '이중인격자', '페이스북을 영원히 망하게 할 사람' 등등 실리콘 밸리의 여러 SNS에서 어마어마한 양의 비방 댓글을 받았습니다. 샌드버그가 바너드 대학의 졸업생들을 대상으로 한 강연에서 '남성에게는 성공이 플러스가 되고, 여성에게는 성공이 마이너스'라고 말했던 것이 원인이었을 것입니다. 당시 샌드버그는 남성은 권력을 가지고 성공하면 할수록 남성에게도 여성에게도 호감을 사지만, 여성은 성공하면 할수록 남녀 모두에게 미움을 받는다는 데이터를 제시하면서 "나는 이와 같은 일을 실제로 경험했다."고 말한 바 있습니다.

어쩌면 구글에서 성공한 샌드버그가 페이스북에 입사해 '더한층 성공'을 거둔 것 때문에 심한 비난의 대상이 된 것일지도 모릅니다. 하지만 아무리 우수한 사람이라 할지라도 마음을 가진 인간입니다. 알지도 못하는 익명의 사람들이 쓴 무분별한 댓글을 본 샌드버그는 "혼자서 울었습니다. 몇 번이나 잠들지 못하는 밤을 보냈습니다."라고 회상했습니다. 주변 사람들도 "그런 블로그는 신경 쓰지 않아도 돼."라고 말했지만, 그렇게 말해주는 그들 역시 블로그의 글을 읽었던 것입니다.

❓ 당신의 선택은?

여러분이라면 이런 상황을 어떻게 극복하겠습니까? 여러분은 결코 편안하게 있기만 했던 것이 아니라 노력한 결과로 성공을 거두었지만, 성공하면 할수록 주변에서 비판의 목소리가 높아지는 상황입니다.

처음에 샌드버그는 블로그에 반격하는 방법은 없을지 고민했지만 그렇게 해도 의미가 없다는 것을 깨닫고 이렇게 생각하기 시작했습니다. "반격하는 건 그만두자. 어쨌든 지금은 최선을 다해 일을 하자. 일을 성공시키자. 그것이야말로 중상에 대한 가장 효과적인 대항책이 될 것이다."

샌드버그는 수익을 창출하는 근원이 없었던 페이스북에서 광고 시스템을 확립해 페이스북의 업적에 공헌했습니다. 그리고 성과를 달성하면 달성할수록 비난하는 댓글이 줄어들었습니다.

❗ 이렇게 해결해라!

심한 공격이나 신경질적인 댓글에 하나하나 반론하는 것은 의미가 없으며, 지금 있는 상황에서 자신이 해야 할 일과 눈앞에 있는 업무에 집중하고 '더 큰 성공을 거두어' 비판에 대한 답을 제시한 것입니다.

이러한 경험을 거쳐 샌드버그는 '폭넓게 생각한다', '자신의 성공은 자신의 능력 덕분이라고 생각한다', '리더십을 발휘한다. 리더십이란 리더가 되려고 하는 사람에게 갖추어지는 것'이라는 생각을 가지게 되었습니다.

샌드버그의 말에 따르면 여성은 남성에 비해 자신의 능력이나 공헌도를 낮게 생각하는 경향이 있습니다. 그 때문에 '일이냐 가정이냐'라는 중대한 결단을 내리기 전에 신중하게 '작은 결단'들을 반복하다가 사회에서 조용히 사라집니다.

무엇보다 중요한 것은 경력에서 빠르게 물러나는 것이 아니라 앞으로 계속 나아가는 것, 액셀을 계속 밟는 것입니다. 예를 들어 무슨 말을 듣든 간에 악평이나 비판에서 등을 돌리고 자신이 해야 할 일에만 집중한다면 '최후에는 진실이 승리한다'는 것이 샌드버그의 생각이었습니다.

성별이 무엇이든 간에 야망을 가지기를 주저하거나 사양할 필요는 없습니다. 다른 사람들에게 심하게 공격받을 정도의 야망을 가지고 있다면, 비판이나 악평에 귀를 기울이고 고민하기보다는 야망으로 '새로운 성공'을 쌓아나가려고 집중해야 합니다. CEO는 아니지만 압도적인 성공 이면에서 고민하는 샌드버그의 생각을 알아주기 바라며 이 사례를 언급해 보았습니다.

25

"기울어져 가는
조직의 리더로 임명됐다"

사티아 나델라(마이크로소프트 3대 CEO)

Satya Narayana Nadella

2000년대 말부터 회자되고 있는 'GAFA(구글, 아마존, 페이스북, 애플)'라
는 통칭에는 마이크로소프트가 포함되어 있지 않습니다. 그 당시에도
마이크로소프트는 거대한 기업이었으며, 컴퓨터 업계의 패자라고도
불리는 존재였지만 스티브 잡스가 길을 연 스마트폰 시대에 늦게 대응
하는 바람에 '시대에 뒤떨어진 기업'으로 치부되기 시작했습니다.

구글이 급성장하기 시작했을 무렵, 이미 마이크로소프트에서 떠
난 폴 앨런은 빌 게이츠에게 "구글을 따라잡는 방법이 있는가, 아니면
구글을 매수할 마음인가."라고 질문했습니다. 그러자 "6개월만 있으
면 따라잡을 수 있다."라는 자만심 가득하다고 밖에 할 수 없는 대답
이 돌아왔습니다.

앨런의 말에 따르면 이 당시 마이크로소프트의 전략은 앞서 있는 회사의 제품을 철저히 연구해서 '순식간에 따라잡고 추월하는' 방식이었습니다. 하지만 이러한 이상과는 달리 애플의 아이팟에 대항하는 제품을 발매한 것은 아이팟이 시장을 뒤흔들고 5년이 지난 후의 일이었으며, '순식간에 거대하게 성장해야 할' 인터넷 시대에는 통용되지 않을 전략을 맹신하고 있었습니다.

소위 '과거에 번영했던 기업'이 되기 시작했던 마이크로소프트를 부활시킨 것은 2014년 3대 CEO로 취임한 사티아 나델라였습니다. 1967년에 인도에서 태어난 나델라는 인도 대학을 졸업한 다음 미국으로 건너가 썬 마이크로 시스템즈에 입사했습니다.

1992년에는 마이크로소프트에 취직했고, 일을 하면서 MBA를 취득했습니다. 나델라가 마이크로소프트에 입사한 이유는 '세계를 바꿀 과제가 있다고 믿고 있는 사원들이 많은 기업에서 일하고 싶었기 때문'이었습니다. 이것은 바로 빌게이츠와 폴 앨런이 꿈꾸고, 이를 실현하기 위해 열심히 일하던 시기의 마이크로소프트에 대한 그의 동경이었습니다.

그러나 입사한지 십 수 년이 지난 2008년에 나델라는 마이크로소프트에 암운이 드리웠음을 통감했습니다. 믿고 있었던 컴퓨터 판매량이 부진해지는 한편 애플이나 구글은 스마트폰과 태블릿 판매량을 계속해서 늘려나갔고, 마이크로소프트가 맞붙을 수 없는 검색이나 온라인 광고로 막대한 수익을 창출하고 있었습니다. 또한 제프 베이조스가 적자를 각오하고 시작한 클라우드 서비스 AWS 역시 급성장하기 시작했습니다.

기업의 벽

위기에서 탈출하기 위해 나델라는 검색 엔진 'BING'을 개발해 클라우드 사업을 강화했습니다. 이 성과가 인정을 받아 나델라는 CEO로 취임했습니다. 그러나 더 큰일들이 기다리고 있었습니다.

어깨를 나란히 한 라이벌들에게 밀려났지만 회사 내부에는 위기감이 희박한 상태입니다. 여러분이 만약 이런 조직의 리더라면 어떻게 이 회사를 개혁할 것입니까?

나델라는 라이벌을 부러워하게 만들거나 투쟁심을 불러일으키는 것이 아니라, 창업 당시에 가졌던 '세계를 변화시키자'라는 목표로 되돌아가려고 했습니다. 그래서 클라우드 사업 강화와 세일즈 포스로 대표되는 서브스크립션(정기구독) 방식을 도입하는 데 힘을 쏟았습니다. 지금까지 마이크로소프트는 재고를 확보한 다음 소프트웨어를 판매하는 형태로 돈을 벌었지만, 고객들이 지속적으로 결제를 하게 해서 수익을 창출하는 서브스크립션 형태의 비즈니스 모델로 전환하기로 결정했습니다. 그래서 실물 타입 패키지판 소프트웨어 '오피스'를 서브스크립션 방식의 '오피스 365(마이크로소프트 365)'로 변경한 것 외에도, 기업용으로 제공한 IT 시스템을 클라우드 서비스인 '애저(azure)'로 바꾸었습니다.

모바일 혁명에는 뒤처졌던 마이크로소프트였지만 클라우드 사업에서는 두 번 다시 지지 않겠다는 결의가 담겨 있었던 것입니다. 이렇게 마이크로소프트처럼 큰 성공을 거둔 기업일수록 비즈니스 모델을 전환하기가 더 어렵습니다. 그러나 나델라는 전환에 멋지게 성공했으며, 자금 흐름을 극적으로 개선해서 시장의 평판도 급성장하게 되어 마이크로소프트의 시가 총액은 2조 달러를 놀파했습니다. 그리고 지금은 GAFA에 마이크로소프트를 더한 'GAFAM'이라는 용어가 널리 사용되고 있습니다.

❗ 이렇게 해결해라!

나델라는 개인이 팀이나 회사를 궁지에서 구해낼 아이디어를 가지고 있는 것만으로는 부족하며, 구성원 모두가 같은 가치관과 배경지식을 공유하는 것의 중요성을 강조했습니다. 그렇지 않으면 리더십을 발휘할 수 없다고 생각한 것입니다.

특히 마이크로소프트의 사원들 중 많은 수는 성공을 거둔 적이 있습니다. 그러나 체질 개선을 위해서는 이미 성공을 거두었던 사업에서 손을 떼고 매출이 적은 사업으로 주축을 이동시킨 다음, 이 분야에서 성과를 내야만 했습니다. 나델라는 새로운 사업을 맡을 때마다 모든 멤버들과 개인적으로 대화를 나누고 의향을 파악한 다음 질문을 하고 경청하여 목표에 대해 일치한 생각을 가지게 했습니다.

일찍이 도산 또는 매각 밖에 선택지가 없었던 애플로 복귀한 스티브 잡스는 '뛰어난 제품을 만들어 세상을 변화시킨다'는 애플의 창립 정신을 되살리는 방법을 통해 회사를 세계 최고의 기업으로 성장시켰습니다. 나델라 역시 일찍이 빌 게이츠와 폴 앨런이 목표로 한 '컴퓨터가 텔레비전처럼 가정마다 보급되는' 미래를 꿈꾸었던 마이크로소프트의 이념을 되살리는 것을 목표로 했습니다. 나델라는 팀을 인솔할 때 의견을 통일하려 하거나 위압적으로 명령하는 것은 잘못되었다고 생각했습니다. 그리고 진보나 발전을 추진하는 '명확한 비전과 문화'가 필요하며 '사원들에게 희망을 가지게 하는 것'이 리더의 책무라고 말했습니다.

사업이 악화되고 한 치 앞이 보이지 않는 상태라면 힘을 내기가 어려울 수 있습니다. 이때 리더에게 요구되는 것은 격려나 질타가 아니라 명확한 방침을 제시하고 미래에 대한 희망을 그리는 것입니다.

26

"믿었던 동료에게
배신당했다"

고든 무어(인텔 창업자)

Gordon Earle Moore

고든 무어는 반도체 분야에서 가장 큰 회사인 인텔의 공동 창업자입니다. 그는 1965년에 'Electronics'에서 발표한 반도체 기술 진척에 관한 경험칙인 '반도체 회로의 집적도는 1년 반에서 2년 사이에 두 배로 증가할 것이다'라는 '무어의 법칙'으로도 잘 알려진 인물입니다.

캘리포니아의 작은 농촌에서 태어난 무어가 화학에 흥미를 가진 것은 12세 무렵이었습니다. 크리스마스 선물로 받았던 화학 실험 세트를 계기로 친구와 다양한 화합물을 만들고 실험하면서 화학자가 되기로 결심했다고 합니다.

1946년에 새너제이(San Jose) 주립대학에 진학한 무어는 2년 후 캘리포니아 대학(UC 버클리)으로 학교를 옮겼으며, 캘리포니아 공과대학에서 박사 학위를 취득했습니다. 원래는 학자가 되려는 목표를 가지고 있었지만 담당 교수의 '세상에 어떤 것들이 있는지 봐야만 한다. 대학 이외의 장소에 가 보는 것이 자네에게 좋지 않겠는가'라는 조언을 받아들여 존스 홉킨스 대학 응용 물리학 연구소에 취직했습니다. 그러나 얼마 지나지 않아 소속된 연구소 그룹이 사라지면서 윌리엄 쇼클리가 설립한 쇼클리 반도체 연구소에 입사했습니다.

그와 비슷한 시기에 입사한 인물이 후에 인텔을 함께 설립하는 로버트 노이스입니다. 그 후 쇼클리의 노벨상 수상이 확정되는 등 연구소는 최고의 시기를 맞이했습니다. 하지만 실리콘을 사용한 트랜지스터 상업화에서 사층 다이오드를 제작하는 방향으로 방침을 전환한 것이나, 쇼클리의 관리 능력에 의문을 품게 된 것과 같은 이유로 무어는 노이스와 함께 연구소를 떠나게 되었습니다.

무어와 함께 떠난 사람들은 '8인의 배신자'라고 불렸습니다. 그리고 그들은 IBM의 대주주인 셔먼 페어차일드의 지원을 받아 페어차일드 세미컨덕터를 설립했습니다. 이 회사는 쇼클리 반도체 연구소에서 실현하지 못했던 트랜지스터를 상업화할 목적으로 세워졌지만, 얼마 지나지 않아 무어의 부하들이 퇴사하고 새로운 회사를 설립해 버렸습니다. 이번에는 무어가 배신당한 것입니다.

❓ 당신의 선택은?

가능하다면 이런 일이 일어나지 않으면 좋겠지만 만약 여러분이 회사 동료에게 배신을 당했다면 어떻게 하겠습니까? 소송을 걸고 상대를 철저히 추궁하겠습니까? 아니면 신뢰할 수 있는 다른 사람과 새로 팀을 짜겠습니까?

지금까지 쌓아온 기술도 유출되어버린 상황에서 무어는 "기술 개발 경생에서 기필코 이겨야 한다. 새로운 기술을 계속 개발하자."고 다짐했습니다.

❗ 이렇게 해결해라!

무어는 현재 보유한 기술이 유출될 위험이 있는 이상, 오랜 시간을 들여가며 재판을 하기 보다는 그 기술이 진부해질 정도의 속도로 기술을 개발해 나가는 것이 필요하다는 교훈을 배웠습니다. 더 이상 배신당하지 않게 하는 것이 아니라 또 배신당할 수 있다면 어떻게 행동해야 할지 생각한 것입니다.

그 후 페어차일드는 트랜지스터 기술 과제를 해결하기 위해 노력하는 과정에서 IC를 발명했고, 트랜지스터와 IC 분야에서 폭발적인 성공을 거두면서 1960년대 중반에는 세계 최대 반도체 업체로 성장했습니다. 그러나 회사가 성장하면서 문제도 발생했습니다.

경영권을 가진 페어차일드 인더스트리 측이 인사에 개입하기도 하고 원활한 소통이 이루어지지 않는 등 여러 가지 문제 때문에 생각하는 것만큼 개발이 진행되지 않자 연구 개발 분야 리더였던 노이스는 퇴사를 결심하게 되었습니다.

'정말 회사가 변화할 가능성이 있는가, 새로운 기회에 도박을 걸어

보는 것이 더 나은가'라고 고민한 끝에 무어도 노이스와 함께 행동하기로 결정했습니다. 스타트업 기업에는 거액의 자본이 필요하기 때문에 자본을 확보하는 것이 걸림돌이 되는 경우가 많습니다. 하지만 노이스와 무어의 과거 실적 덕분에 250만 달러의 자본이 모였습니다.

그 후 인텔은 1980년대에 일본 기업의 공세를 받아 메모리 사업에서 철수했지만 당시로서는 새로운 분야였던 마이크로프로세서 사업에 진출해 세계적인 대기업이 되었습니다. 한편, 페어차일드는 노이스와 무어가 떠난 이후 경영진의 실태로 우수한 사원들이 계속해서 퇴사했습니다.

페어차일드에서 떨어져 나와 인텔을 시작으로 많은 독립 기업들이 탄생했는데 이 현상은 '페어 차일드 레인'이라고 불렸습니다. 이러한 과정을 보면서 무어는 성공을 이룬 기업들이 변화하기란 얼마나 어려운지 통감했습니다. 그리고 퇴사를 하거나 성공한 사업에서 철수하는 것을 포함해 '놓쳐서는 안 될 중요한 기회라는 생각이 든다면 리스크를 두려워해서는 안된다. 그리고 한 번 결정을 내렸다면 간단하게 포기해서는 안 된다'라는 교훈을 배웠습니다.

이러한 신념 덕분에 실리콘밸리에서 살아남은 무어는 과감히 실패할 수 있는 것, 중대한 리스크도 두려워하지 않는 것, 커다란 실패와 커다란 성공은 떼려야 뗄 수 없는 관계에 있다는 것을 반복해서 강조했습니다.

비정한 방식의 비즈니스를 좋아하지 않는 사람이나 과격한 도전을 하는 유형이 아닌 사람들이 보기에는 무어가 일하는 방식이 두렵게 느껴지기까지

할 수 있습니다. 그러나 배신을 당하거나 회사에 좋지 않은 변화가 발생했을 때 어느 쪽으로 나아갈지를 냉정하게 구분하는 자세는 분명 여러분의 인생을 좌우할 것입니다.

27

"오랜 세월 같이해 온 파트너와의
관계가 악화되었다"

폴 앨런(마이크로소프트 창업자)

Paul Gardner Allen

마이크로소프트라고 하면 빌 게이츠가 가장 유명합니다. 그런데 여기에는 빌 게이츠를 학창시절부터 지원해 마이크로소프트의 창업으로 이끈 2살 연상의 폴 앨런이라는 인물도 있습니다.

8학년이었던 게이츠와 10학년이었던 앨런은 레이크사이드 스쿨에서 만났습니다. 둘은 함께 컴퓨터 프로그래밍 방법을 배웠고 10대 시절부터 회사를 창립해 프로그래밍 일을 시작한 파트너가 되었습니다. 빌 게이츠는 당시의 일을 이렇게 회상합니다. "우리는 3일 연속 또는 4일 연속으로 누가 가장 오래 회사에 머무를 수 있는지 경쟁했다. 고상한 척하는 사람들에게 '집에 가서 씻고 오시게'라는 말을 듣기도 했다."

앨런과 게이츠는 향후에도 기업을 함께 창립하기를 꿈꾸었습니다. 어느 닐 둘은 샌드위지를 믹으면서 '만약 회사를 자린다면 어떻게 될 것인가'를 상상했습니다. 앨런이 '모든 일이 순조롭게 진행된다면 우리 회사가 얼마나 커질까'라고 게이츠에게 묻자, 게이츠는 이렇게 대답했다고 합니다. "그러게. 뭐, 프로그래머를 35명 정도 고용할 수 있게 될 것 같은데 말이야." 이런 말조차도 당시 앨런에게는 터무니없는 말로 여겨졌습니다.

그러던 그들 앞에 기회가 찾아왔습니다. 기회는 1974년 12월에 앨런이 발견한 잡지 기사에 실려 있었습니다. 그 기사는 마이크로인스트레이팅시스템(MITS)에서 만든 소형 컴퓨터 '알테어 8080'에 대한 것이었는데, 앨런은 게이츠에게 직접 알테어용 BASIC 프로그램을 개발해서 MITS에 판매하자고 제안했습니다.

그 말에 동의한 게이츠는 MITS의 에드 로버츠 사장을 만나 판매를 제안했으며, 앨런과 함께 불과 8주 만에 완성시켜 납품하는 엄청난 일을 해냈습니다. MITS는 앨런을 고용했고 게이츠는 1975년 11월 앨런과 함께 MITS에서 일하기 위해 하버드를 휴학했습니다. 앨런은 이 파트너십에 '마이크로컴퓨터'와 '소프트웨어'를 합쳐 '마이크로소프트'라는 이름을 붙였습니다. 이후 둘은 뉴멕시코주 앨버커키에 사무실을 열고 함께 일을 시작했습니다. 그러나 해낼 수 있을지 고민도 하지 않고 무작정 '할 수 있다'고 확답한 다음 사원들에게도 무리하게 일하기를 강요하는 게이츠와 업무 진행 방식에 대한 생각이 완전히 달랐던 앨런 사이에는 갈등이 점점 깊어졌습니다. 1982년에 앨런은 게이츠에게 한 통의 편지를 씁니다. 내용은 다음과 같았습니다.

'정말 괴로운 일이지만 약 두 달 정도 전에 나는 한 가지 결론에 도 달했다. 내가 곧 마이크로소프트를 떠나야 할 것 같다는 결론이다. 나는 자네와 말다툼하는 걸 더 이상 견딜 수 없게 되었다. 자네는 말 로 공격을 하곤 한다. 그 공격 때문에 지금까지 나 하나만 보더라도 수 백 시간이나 되는 귀중한 시간을 허비했다. 몇 년이나 그런 일이 계속 되는 동안 우리의 우정에는 조금씩 금이 가기 시작했고 함께 일하는 것도 어려워지게 되었다. 처음에는 동료 의식을 가지고 있었지만 그런 것은 이제 아득히 먼 옛날 일이 되어 버렸다.'

❓ 당신의 선택은?

오랜 기간에 걸쳐 함께 배우고, 꿈을 꾸고, 창업하고, 사업을 한 파트너와 의 관계가 악화된다면 여러분은 어떻게 하겠습니까? 파트너는 당신이 없으면 곤란해질지도 모릅니다. 계속 참아야 할 것입니까, 아니면 헤어져야 할 것입 니까?

❗ 이렇게 해결해라!

게이츠는 앨런이 하고 싶은 일을 마이크로소프트 내에서 하면 어떻겠느냐 고 설득했지만, 앨런은 게이츠와 헤어지고 혼자 일하기로 결심했으며 마이크 로소프트를 그만뒀습니다.

게다가 1983년에 앨런이 마이크로소프트를 퇴직했을 때(그 후 1990년에 복귀해서 2000년에 다시 되사) 게이츠는 앨런의 주식을 1주 5달러에 구매하려고 했지만, 앨런이 10달러 이상을 요구해 결렬되었습니다. 이때 게이츠가 5 달러를 아꼈던 것이 앨런에게는 행운이 되었습니다. 1986년에 마이크로소프트가 주식을 공개했을 때 앨런은 20만 주를 팔아서 1억 7,500만 달러를 손에 넣었습니다. 이때 게이츠와 앨런은 자신들의 꿈을 키워 준 레이크사이드 스쿨에 220만 달러를 기부했고, 이렇게 건설된 이수 센터에는 '앨런 게이츠 홀'이라는 이름이 붙었습니다.

마이크로소프트 전체 주식의 28%를 가지고 있는 앨런의 자산은 6년 후에는 10배가 되었습니다. "이 정도 자산이 있다면 무엇이든 좋아하는 걸 할 수 있겠네요."라는 고문 변호사에게 앨런은 "부가 나에게 자유를 가져다주었다. 나는 자유를 철저히 활용할 것이다."라고 답했습니다. 그 말대로 앨런은 NBA나 NFL 팀의 오너로 취임한 것 외에도 우주 사업 등에 참여해서 하고 싶은 일을 모두 한 다음 65세의 나이로 생을 마감했습니다. 한편 게이츠는 오랜 기간 리더로서 마이크로소프트를 인솔했고 2008년에 마이크로소프트의 일상 업무를 그만둔 후에 자선 활동에 적극적으로 참여하고 의견을 내기도 했습니다.

오랜 기간 고락을 함께 해온 벗이라 하더라도 서로의 방식이나 생각에 차이가 깊어지면 더는 참을 수 없는 순간이 올 때가 있습니다. 상대가 바뀔 리도 없고, 자신도 바뀌지 않을 것이며 양보할 수 없는 경우라면 각자의 길을 걷는 편이 서로에게 더 나을 것입니다. 이 두 사람이 돈 때문에 다투지 않았던 것은 다행이었다고 할 수 있겠습니다.

28

"성공을 위해 어떤 멤버들을
모아야 하나"

피터 틸(페이팔 창업자)

Peter Andreas Thiel

'페이팔 마피아'라는 말을 들어본 적이 있습니까? 지금 세상을 주름잡는 일론 머스크(테슬라 CEO, 스페이스 X 창업자)나 리드 호프먼(링크드인 창업자), 채드 헐리, 스티브 첸, 자베드 카림(모두 유튜브 창업자), 맥스 레브친(슬라이드 창업자), 데이비드 삭스(야머 창업자), 제레미 스토펠만(옐프 창업자), 비노드 코슬라(코슬라 벤처스 창업자)와 같은 기업가들은 모두 페이팔 출신이며, 서로의 기업에 투자하는 견고한 유대 관계로 묶여 있습니다. 그들은 '페이팔 마피아'라고 불리며, 피터 틸이 리더로 잘 알려져 있습니다.

틸은 1967년에 서독 프랑크푸르트에서 태어나, 광산 회사에서 화학 엔지니어로 일하는 아버지의 일 때문에 빈번하게 이사를 했고, 아프리카에서 생활하는 경험도 했습니다. 그리고 그 후 9세부터는 미국에서 실기 시작했습니다. 아프리카에 있을 때부터 성석이 좋았던 틸에게 학교 시험은 '죽느냐 사느냐' 하는 전쟁이었으며 체스 선수로 13세미만 부문에서 전미 7위에 들어갈 정도로 체스에도 푹 빠져 있었습니다. 그는 당시 일을 이렇게 회상합니다. "어렸을 때를 되돌아보면 나는 지나치게 경쟁에 이기는 데 집중했다."

고등학교를 졸업한 틸은 출신 지역의 스탠퍼드 대학에 진학해 철학을 전공했고 스탠퍼드 로스쿨에 진학해 박사 학위를 취득했으며, 연방 항소 재판소 사무관으로 일했습니다. 그 후 동경하던 연방 최고 재판소의 사무관에 응시했지만 불합격했습니다. 첫 좌절이었지만 이때의 경험을 바탕으로 나중에 학생들에게 이렇게 조언했습니다. "완전히 재기불능이 될 것만 같은 실패를 했다 할지라도 대수롭지 않게 넘겨 버려라. 더 의미 있는 일은 언제든 발견할 수 있기 때문이다."

그 후 틸은 대형 법률 사무소에 취직했습니다. 그곳은 모두의 선망의 대상이 되는 곳이지만 실제로 취직하면 뛰쳐나오고 싶을 정도의 회사였다고 합니다. 그곳에서 퇴직한 틸은 뉴욕 투자 은행에서 일했고, 자산 가치를 평가 및 분석하는 기술을 몸에 익힌 다음 월가를 떠나 실리콘 밸리로 발걸음을 옮겼습니다.

그리고 여기에서 함께 창업을 하게 되는 맥스 레브친을 만났습니다. 금융 업계에서 일하고 있었던 틸은 인터넷 시대에는 '송금'에 수요가 있다는 것을 알아차렸습니다. 당시 미국에서는 신용카드도 많이 사용했지만 그 이외의 지불 방법으로 수표도 많이 사용되었습니다. 그런데 수표를 현금화하려면 은행에 의뢰한 후 며칠이나 기다려야만 했습니다. 이러한 시대착오적인 방법을 개선하고 인터넷 시대에 걸맞은 간단하고 신뢰도가 높으며 신속한 수단을 제공하는 것이 틸과 레브친의 목표였습니다.

1998년에 둘은 '컨피니티'를 설립했고 웹 사이트에서 희망 송금액과 수취인의 메일 주소를 입력하고 송신하기만 하면 송금할 수 있는 서비스를 시작했습니다.

이는 무척이나 획기적인 서비스였고 사용자 수도 100만 명을 돌파했지만 컨피니티에는 강력한 라이벌이 있었습니다. 바로 일론 머스크의 'X닷컴'이었습니다. 이 두 회사는 사용자를 확보하기 위해 격렬하게 경쟁하기 시작했습니다.

❓ 당신의 선택은?

만약 여러분이 어떤 사람과 라이벌 관계로 이렇게 만났다면 어떻게 될 것 같습니까? 상대를 쓰러뜨리려고 해도 상대가 너무 강력해서 강제로 굴복시키기란 쉽지 않습니다. 이대로 계속 싸울 것입니까, 아니면 다른 방법을 택할 것입니까?

'승자는 한 명 밖에 없다'라는 사실을 잘 알고 있었던 틸과 머스크는 합병하기로 합의했습니다. 이렇게 '페이팔'이 탄생했습니다. 사풍의 차이로 인해 권력 다툼을 벌여야 하는 경우도 있었지만 틸과 머스크는 최종적으로 페이팔을 이베이에 15억 달러에 매각해 거금을 손에 넣고 새로운 길을 가게 되었습니다.

❗ 이렇게 해결해라!

그 후 페이팔 출신 사람들은 다방면에서 활약했으며, 앞서 언급한 것처럼 각자의 사업에 투자해서 지원하는 등 페이팔 마피아의 유대 관계를 계속 이어 나갔습니다. 여기에는 인연을 중요하게 생각하는 틸의 채용에 대한 신념이 큰 영향을 미쳤습니다.

틸은 레브친과 채용에 대해 이런 이야기를 주고받았다고 합니다. "회사에 어떤 일이 발생하더라도 변하지 않는 우정으로 결속되어 있고, 구성원 모두가 좋은 친구인 회사를 만들고 싶다. 우리가 고용한 것은 원래 친구였던 사람들뿐만이 아니다. 좋은 친구가 될 수 있다고 믿고 있는 사람들을 고용한 것이다."

틸의 말에 따르면 스타트업 기업에 필요한 것은 대부분의 사람들은 이해하지 못한다 하더라도 구성원들만큼은 깊이 이해하고 있는 '엄청난 비전'과 '강한 유대 관계'라고 합니다. '변하지 않는 우정이나 오랜 기간 관계를 구축하기 위해 시간을 투자하면 인생 최고의 이익을 얻을 수 있다'라는 것이 틸의 성공 철학이었습니다. 이런 말은 경쟁이 심한 실리콘밸리에서는 의외의 발언처럼 느껴질지도 모르겠습니다.

눈엣가시처럼 느껴지는 라이벌과 맞닥뜨렸을 때 견원지간으로 끝나버리는 사람들도 있을 것입니다. 그러나 틸처럼 이전에는 라이벌이었던 존재를 강력한 동지로 만들 수도 있습니다. 특히 사업의 성공은 초기 구성원들이나 최초에 채용한 구성원들에게 달려 있다고 할 수 있습니다. 누구와 사업을 시작할 것인지, 누구를 채용할 것인지, 어떤 관계를 구축할 것인지 철저히 고려해서 결정해야 합니다.

29

"내 성공을 다른 사람이
가로채 갔다"

샘 월턴(월마트 창업자)

Samuel Moore Walton

세계 최대의 소매업으로는 월마트를 들 수 있습니다. 월마트를 창립한 샘 월튼 일족은 '세계 제일가는 부자 일가'로 잘 알려져 있습니다. 1918년에 태어난 샘 월턴은 어린 시절부터 어머니께 '무슨 일을 하든 최선을 다하라'고 배우며 자랐습니다. 월턴이 신문 배달을 했던 어린 시절에 고객을 확보하는 이벤트가 열렸는데 상금은 10달러였습니다. 월턴은 각 집을 돌며 구독자를 계속 늘려나갔고 우승했습니다. "월턴 형이 승리할 거라고 예상했다. 그런 성격이기 때문이다."라고 말한 남동생의 평가를 보면 어릴 때부터 열정과 야심, 행동력이 뛰어났던 것 같습니다. 실제로 고등학교 시절에는 학생회장을 맡았으며 부활동에도 열심이었습니다. 그리고 '가장 재능이 많은 학생'으로 선정되어 미주리 대학에서도 학생 자치회 회장이 되었고 '대활약하는 월턴'으로 칭송받았습니다. 그리고 신문 배달을 해서 매년 약 4천~5천 달러씩 벌어들여 고등학교에서 대학까지 수업료와 식비, 옷 값 같은 생활과 공부에 필요한 경비를 스스로 조달했다고 합니다. 이처럼 월턴은 비슷한 시기에 태어난 워런 버핏과 유사한 재능을 발휘했습니다.

월턴이 소매업에 뛰어든 것은 병역 의무를 다한 1945년의 일이었습니다. 의붓아버지에게서 빌린 2만 달러에, 아내와 함께 모은 5천 달러를 가지고 아칸소 주 뉴포트에 있는 작은 잡화점 벤 프랭클린을 사들인 다음 천성인 근면함과 사교성을 무기로 5년 후에는 연 매출 25만 달러, 순이익 3만~4만 달러로 성장시켰습니다. 그뿐만 아니라 인근 6개 주의 벤 프랭클린 중에서 최고가 되었고 아칸소 주의 잡화점들 중에서 가장 큰 규모로까지 성장시켰습니다.

그러나 땅 주인이 이러한 성공을 탈취하려고 했습니다. 월턴이 체결한 토지 임대 계약에는 계약 갱신 권리가 포함되어 있지 않았으며, 땅 주인은 계약 갱신을 거절했습니다. 그의 목적은 호황을 누리는 가게를 빼앗는 것이었습니다. 5년간의 노력이 수포로 돌아간 월턴은 '설마 내가 이런 상황에 처할 줄이야'라며 불운을 한탄했지만, 결국 어쩔 수 없이 마을을 떠나야만 했습니다.

❓ 당신의 선택은?

기초부터 시작해 성과를 냈음에도 불구하고 다른 사람(또는 그저 그곳에 있었던 사람)에게 성과를 완전히 넘겨줘야만 한다면 여러분은 어떻게 하겠습니까? 간단히 포기하거나 물러나겠습니까?

"내 실업가 인생에서 최악의 시기였다. 나에게 일어난 일이 믿어지지 않았고, 마치 악몽을 꾸는 것 같은 기분이었다."라고 월턴은 당시의 일을 회고합니다. 땅 주인의 요구는 터무니없는 것이었지만 그 원인은 월턴이 미처 파악하지 못한 법률상의 허점이었으며, 체념하는 수밖에 없었습니다.

❗ 이렇게 해결해라!

현명하게 사업을 해서 자력으로 성공을 거두었는데 도시에서 쫓겨나게 된다면 이보다 불공평한 일은 없을 것입니다. 하지만 월턴은 계속해서 자신을 비난하고 땅 주인에게 화를 내는 것은 해결 방법이 아니라고 생각해 마음을 바꾸었습니다.

"나는 나의 불운에 대해 계속해서 끙끙거리는 사람이 아니며, 그때도 마찬가지였다. 진지하게 임한다면 재난도 복으로 바꿀 수 있다는 것은 시대착오적인 격언이 아니다. 나는 언제나 문제가 발생하면 나에게 내밀어진 도전장이라 여기고 대처하려 한다."라고 말한 것처럼 빼앗긴 성과를 되찾기 위해 시간이나 에너지를 쓰지 않았습니다.

다음으로 해야 할 일을 생각하기로 마음을 바꾸었을 때, 월턴은 33세의 나이였고 수중에는 가게를 매각한 5만 달러 이상의 자금과 경영 노하우가 있었습니다. 그가 재기할 장소로 선택한 곳은 아칸소 주 벤턴빌이라는 인구 3천 명 정도의 시골 마을이었습니다. 월턴은 최신 시스템인 셀프서비스 방식을 도입한 새로운 가게를 열었으며, 지금까지보다 더 큰 성공을 거두었습니다.

매장은 순조롭게 성장했지만 한편으로는 잡화점에서 할인점으로 시대의 흐름이 바뀌기 시작했습니다. 이대로는 큰 타격을 입을 것이라고 예상한 월턴은 1962년에 할인점 '월마트' 1호점을 오픈했습니다. 집과 토지를 남김없이 저당 잡히면서까지 승부를 건 것이었습니다. 모든 상품을 할인하려는 월턴의 시도가 그 당시 사람들에게는 엉뚱한 발상으로밖에 보이지 않았으며, 성공에 회의적인 시선을 내는 사람도 있었지만 결과적으로는 많은 사람들의 지지를 받았습니다. 월턴은 그 후에도 승승장구해서 월마트를 대성공으로 이끌었고, 사망한 1992년에는 매상 500억 달러를 초과하는 규모로까지 성장시켰습니다.

성공을 빼앗겼을 때 아무렇지 않게 받아들이는 사람은 거의 없을 것입니다. 누구든 침울해질 것입니다. 그러나 뒤집을 수 없는 결론에 계속해서 집착하거나 침울해하는 것은 아무 의미가 없다는 것도 사실입니다. 성공을 빼앗겼다 하더라도 여러분의 손에는 분명 그 일을 성공으로 이끈 실적과 노하우가 남아 있습니다. 잃어버린 것보다는 침울해하는 시간을 아까워하고 잃어버린 것 대신에 손에 넣은 경험과 배운 점들을 기억하며 자신감을 가지고 다음 도전을 기대해 봅시다.

월턴이 성과를 낸 기존 사업에 연연하지 않고 완전히 새로운 사업 형태에 도전하고 시행착오를 거치면서 성공에 도달한 것도 배워야 할 점입니다.

30

"팀이 현재 상황에 만족해
새로운 도전을 하려고 하지 않는다"

이건희(삼성 2대 회장)

Lee, Kun-hee

지금은 세계적 우량 기업이 된 삼성의 역사는 1938년 삼성상회까지 거슬러 올라갑니다. 삼성은 원래 이병철(1910년생)이 일본 유학을 거쳐 귀국한 다음 세운 회사입니다. 이병철은 자원이 없는 한국이 경제적으로 자립하기 위해서는 제조업의 육성이 반드시 필요하다고 여겨 제일 제당, 제일모직, 한국비료 등을 차례차례 설립했으며 1969년에는 삼성전자의 전신이 되는 삼성전자공업을 세우기에 이릅니다.

당시에는 일본 기업의 협력을 받아 흑백 TV 등의 가전제품이나 진공관, 브라운관 등을 생산했지만 1982년에 비약의 기반이 된 반도체 사업에 뛰어들게 됩니다.

이때까지 삼성을 지원해 주던 일본 기업 관계자들은 "다시 생각해라, 위험하다."라고 말렸지만, 이병철은 "회사가 망해도 좋다. 한국을 위해서 하는 거다."라는 강한 결의로 밀어붙여 1984년에는 64KD램을 양산하는 데까지 이르게 됩니다.

그런 삼성을 세계적 기업으로 끌어올린 것은 그의 세 번째 아들 이건희입니다. 1988년 '제2 창업'을 선언하며 국내 최대 기업이던 삼성의 개혁을 진행하려 했지만, 사원들의 위기감 결여 때문에 생각한 대로 이루어지지 않았습니다. 이미 삼성은 충분한 이익을 내고 있었으며 국내 최대 기업이라는 위치도 확고했습니다. 모든 사원이 '삼성이 최고'라는 사실을 굳게 믿고 있었기에 이건희가 품고 있던 위기감을 동일하게 느끼는 사람은 아무도 없었습니다.

? 당신의 선택은?

나만이 회사나 팀의 미래에 위기감을 느끼는 상황에 처해 있습니다. 여러분은 어떻게 하시겠습니까? 팀원들은 지금도 안심하며 태평한 상태입니다. 굳이 불안감을 조성하시겠습니까? 아니면 조금 더 상태를 지켜보시겠습니까?

이건희가 다시 개혁을 추진하게 된 것은 1993년 미국 출장길에 들린 가전제품 매장에서 구석에 처박혀있던 삼성 제품을 눈으로 접했기 때문입니다. 삼성 제품은 GE나 필립스, 소니, 도시바 등에 밀려 진열대 구석에서 먼지만 뒤집어쓰고 있었습니다. 이건희는 임원들에게 이렇게 호소했습니다.

"삼성의 TV, 비디오 레코더는 싸구려 취급을 받고 있다. 우리 제품이 얼마나 찬밥 신세인지 눈으로 직접 확인했을 것이다. 2등은 현행 유지만 할 수 있을 뿐, 커질 수는 없다. 2등과 3등은 매일 바쁘게 돌아다녀 봤자 늘 그 모습, 그 꼴일 뿐이다. 지금은 '열심히 합시다'라는 시기가 아니라 '삶이냐 죽음이냐'의 갈림길에 서 있는 상황이기에 세계 1등이 되지 못하면 살아남을 수 없다."

외부에 의뢰한 보고서에 적혀있던 '삼성전자는 삼성병(대기업병)에 걸려 있다'라는 지적도 큰 충격으로 다가왔습니다.

❗ 이렇게 해결해라!

이건희는 '한국에서 1등'에 만족하고 있는 삼성을 세계 초일류 기업으로 바꾸고자 '신경영'을 선언하고 '마누라랑 자식만 빼고 다 바꿔라'라는 슬로건을 내세웠습니다. 좀 과격한 표현이긴 하지만 1993년 당시 이건희가 의도했던 것은 과거의 성공에 만족하며 구태의연한 관습이나 고정관념에 사로잡히지 않도록 자기 자신부터 바꾸고 그 후 모든 것을 새로 고치라는 뜻이었으며, 무슨 일이 있더라도 세계 최고의 기업이 되자는 의미였습니다.

'신경영'에는 많은 항목이 있습니다. 그 일부는 아래와 같습니다.

① 양에서 질로 바꾸는 '품질 우선 경영'
② 효율을 중시하는 '일석오조 정신'
③ 경쟁력을 높이는 '집적화', '복합화', '사업의 집중'

④ 세계 일류기업의 제품을 연구하는 '벤치마크'

⑤ 매일 아침 7시~7시 반부터 업무를 시작하고 오후 4시~5시까지 모든 업무를 끝내는 '7·4제도'

이건희는 당시 삼성은 한국 최고일지언정 사내 분위기는 무계획, 낭비벽과 함께 구체성이 부족하다고 여겼습니다. '삼성병을 고치고 진지하게 세계 최고를 목표로 하지 않으면 삼성은 망할 것'이라고 판단을 내린 것입니다. 이건희의 말 중에 "한 명의 천재가 10만 명을 먹여 살린다."라는 말이 유명합니다. 경영자는 모든 것을 걸고 S급 인재를 찾아내 그 인재를 위해 투자를 아끼지 말아야 한다는 것이 이건희의 철학입니다.

그 후 삼성은 목표대로 여러 분야에서 세계 최고 기업의 위치에 도달할 수 있었습니다. 이를 가능케 한 것은 방심으로 태만해져 가던 삼성의 시선을 한국에서 세계로 돌린 데서 시작된 것입니다. 복지부동 체질을 변모시키기 위해서는 지금까지 성공했던 무대를 떠나 더 큰 무대를 향해 도전하는 자세가 필요합니다.

성공은 사람에게 자신감을 주지만 자신감이 넘쳐 자만감이 되면 성장은 멈추고 정체, 퇴보하게 됩니다. 개인에게도 팀에게도 작은 성공에 만족해 우리는 잘하고 있다는 자평에 빠지게 되면 새로운 도전을 할 수 없습니다. 만약 당신이 개인 또는 리더로서 지금 상황에 안주하고 싶지 않다면, 시점을 변화시키고 목표를 바꾸어야 합니다. 목표를 바꾸면 '좀 더' 발전하고 싶다는 마음이 생길 것입니다.

31

"인간관계 청산을 위해 막대한 비용을 지불해야 할까?"

레이 크록(맥도날드 창업자)

Ray Kroc

　레이 크록은 어린 시절부터 학교에서 공부하는 것보다도 자신이 할 수 있는 일이 있으면 일단 해볼 정도로 일하기를 좋아하는 소년이었습니다. 고등학생 때는 가판대에서 레모네이드를 판매하는 아이디어를 떠올리고 즉시 실행에 옮겨 레모네이드를 대량으로 판매했습니다.

　또한 두 명의 친구들과 각각 100달러씩 출자해서 뮤직 스토어를 열고 악보나 작은 악기들을 판매하는 등 학교 공부보다는 일을 더 좋아했습니다.

　제1차 세계대전 중에는 부모님의 반대를 무릅쓰고 적십자 병원의 구급차 운전사로 일했고, 고등학교를 중퇴한 후 피아니스트, 부동산 관련 일, 종이컵 판매 등을 거쳐 다섯 종류의 밀크셰이크를 동시에 만드는 '멀티 믹서'를 독점 판매했습니다. 그러다가 미국을 여행하던 도중에 접한 '맥도날드'가 크록의 인생을 바꿔 놓았습니다.

'맥도날드 형제라는 인물이 샌버너디노에서 8대의 멀티 믹서를 구동해 큰 인기를 끌고 있다'라는 정보를 들은 크록은 즉시 현지를 방문했습니다. 그곳에서 크록은 1940년에 드라이브인으로 시작해 1948년부터 테이크아웃 중심으로 변경한 당시로서는 새로운 경영 방식으로 큰 성공을 거둔 맥도날드 형제가 경영하는 가게를 보게 되었습니다.

그 매장에서는 햄버거, 감자튀김, 음료수가 작업대에서 일사불란하게 만들어지고 있었으며, 가격도 저렴한 데다가 감자튀김은 그야말로 '전대미문'이라고 불릴 정도로 맛이 좋았습니다. 115센트로 구매할 수 있는 햄버거와 10센트로 구매할 수 있는 감자튀김을 사기 위해 줄 서 있는 사람들과 청결한 매장, 빠릿빠릿하게 움직이는 직원들의 모습에 감동받은 크록은 이와 같은 매장을 미국 내의 주요 도로에 오픈하려는 아이디어를 생각했습니다. 그는 "나는 뉴턴의 머리에 '감자'가 떨어진 것 같은 충격을 받았다."라고 회상했습니다.

크록은 즉시 맥도날드 형제와 계약을 체결하고 1호점을 오픈하려고 전력을 다했습니다. 그의 나이 50세가 지난 이후의 도전이었습니다. 1호점을 오픈하기까지 1년 가까이 준비 기간이 필요했는데, 이유는 '완벽'을 추구했기 때문이었습니다.

크록의 꿈은 최고의 맛과 서비스를 수백 군데나 되는 매장들에서 동일하게 재현하는 것이었습니다. 크록은 맛뿐만 아니라 품질, 서비스, 청결도 중요하게 생각했습니다. 기준을 만족하지 못하는 고기를 선별하기 위한 50개 항목의 체크리스트를 점주들에게 전달하고, 매상 내부나 주차장뿐만 아니라 주변 도로까지 신경 쓰도록 철저하게 관리했습니다.

깜빡 잊고 네온사인 간판을 켜지 않으면 크게 화를 냈으며, 주차장에서 먼지를 발견하면 엄격하게 지도했습니다. '바빠서 거기까지 신경 쓰지 못했다'는 변명은 통하지 않았습니다. 이처럼 완벽을 추구했으며 작은 것 하나까지도 놓치지 않았습니다.

크록이 이끄는 맥도날드는 목표한 대로 1961년까지 약 250개 매장을 출점했으며 더 크게 확장하려고 했습니다. 그런데 맥도날드 형제와 한 계약이 발목을 잡았습니다. 계약에 따르면 어떤 일을 할 때 항상 맥도날드 형제의 동의가 필요했습니다. 그래서 크록은 맥도날드 프랜차이즈 사업에 관한 모든 권리를 사들이려고 했지만 맥도날드 형제가 그 대가로 요구한 금액은 270만 달러나 되는 거액이었습니다. 상식적이라고는 할 수 없는 막대한 금액이었습니다.

❓ 당신의 선택은?

여러분이라면 어떻게 하겠습니까? 이미 성공을 거둔 상황에서 그보다 큰 성공을 바란다면 막대한 부담감을 져야 합니다. 마음대로 할 수 없는 족쇄가 있긴 하지만 이대로도 수입은 충분합니다. 풍파를 일으키지 않고 넘어갈 수 있는 선택지도 있습니다.

❗ 이렇게 해결해라!

크록은 터무니없는 요구 때문에 화가 폭발했지만 침착함을 되찾은 다음, 제시된 금액을 지불하는 데 동의했습니다. 물론 지불해야 할 금액은 차입하지 않으면 안 되는 막대한 금액이었지만 그 이상으로 맥도날드 형제들에게서 벗어나 자유를 얻고 신속하게 의사 결정을 하는 것이 반드시 필요하다고 판단했기 때문입니다.

1961년에 맥도날드 형제에게서 모든 권리를 사들인 크록은 사업 확장을 가속화했습니다. 1963년에는 미국 전역에 110개의 매장을 오픈했고, 역대 최다 매장 수를 기록했으며 이듬해 매상은 1억 달러를 돌파했습니다. 기세에 박차를 가하기 위해 1965년에는 주식을 공개했고, 다음 해 7월에는 2억 달러의 매출을 기록해서 골든 아치 빌보드에 '햄버거 20억 개 매출 달성'이라는 문구가 등장했습니다. 크록은 성공의 비결을 이렇게 말합니다.

"해내자. 이 세상에서 계속하는 것만큼 가치 있는 것은 없다. 재능은 다르다. 재능이 있어도 실패하는 사람들이 많다. 천재도 다르다. 혜택받지 못한 천재는 속담이 만들어질 만큼 이 세상에 많이 있다. 교육도 다르다. 세상에는 교육을 받은 낙오자들이 흘러넘친다. 신념과 끈기만이 모든 것을 이룰 수 있다."

오랜 기간 동안 함께 일한 비즈니스 파트너가 비협조적이 되거나 뜻이 맞지 않아 의사결정을 신속하게 하지 못하게 될 수 있습니다. 앞으로 나아가기 위해서는 그런 상황을 타개할 필요가 있습니다. 그렇게 하려면 금전적 또는 정신적으로 꽤 큰 출혈을 감수해야 할 수도 있습니다. 지출 비용이나 스트레스를 감수할 것입니까, 아니면 자유와 신속한 의사결정을 선택할 것입니까.

비용을 지불한 다음 지체했다면 상황이 달라질 수도 있었겠지만 크록은 의사결정의 자유와 속도를 우선시했으며 급성장을 실현한 것이 큰 성공을 불러들였습니다.

32

"전문가와 평론가의
평판이 좋지 않다"

월트 디즈니(월트 디즈니 컴퍼니 창업자)

Walter Elias Disney

월트 디즈니는 1901년에 일리노이주 시카고에서 태어났습니다. 디즈니의 아버지는 호텔과 농장 경영에 손을 댔지만 일이 잘 풀리지 않았습니다. 일이 잘되지 않자 아버지는 시종일관 자녀들을 가혹하게 대해 이를 버티지 못한 두 아들이 가출을 하고, 결국 1912년에는 장남 로이마저 집을 나갔습니다. 홀로 남은 아들 디즈니에 대한 아버지의 요구는 더 심해졌습니다.

신문 배달로 인한 피로에 디즈니의 학교 성적은 뛰어난 편은 아니었지만 만화에 대한 호기심이 누구보다 왕성했으며 초등학교 동급생들이 자신이 그린 만화를 보고 웃음을 터뜨리는 것을 보고 만화가가 되기로 결심했다고 합니다.

제1차 세계대전이 한창이던 때, 애국심에 불타던 디즈니는 나이를 한 살 속이면서까지 육군에 지원했으며, 휴전 후인 1918년 12월에 적십자 위생병으로 프랑스에 갔습니다.

아버지는 병역을 마치고 귀국한 디즈니에게 공장을 물려받으라고 강요했지만 디즈니는 "나는 만화를 그리는 아티스트가 되고 싶습니다."라고 말했습니다.

디즈니는 1919년에 은행에 근무하던 로이를 따라 캔자스시티로 이사했고, 그 곳에서 애니메이션 제작을 경험한 다음 1923년에 할리우드로 향했습니다. 당시 할리우드는 영화 제작자들이 진출하기 시작한 지 10년도 되지 않았지만 여러 개의 대형 스튜디오가 줄지어 있는 꿈의 도시가 되기 시작했습니다. 디즈니 역시 스튜디오에서 일하려고 해보았지만 잘되지 않았습니다.

보통은 여기서 포기하고 다른 직장을 찾겠지만, 디즈니는 세상에는 '일을 찾지 못해 풀이 죽은 사람과, 당장은 일을 찾지 못했지만 뭔가를 해낼 수 있다고 믿고 있는 사람'이 있다고 말했습니다. 그는 로이와 함께 '디즈니 브라더스'를 설립했고 캔자스시티에 있을 때 구상했던 단편 애니메이션을 제작하기 시작했습니다. 이때가 '디즈니'가 실질적으로 설립되었다고 일컬어지는 시기입니다.

둘은 '앨리스 시리즈'나 '오스왈드 시리즈'로 성공을 거두었지만 배급사와 대립하며 모든 것을 잃어버렸습니다. 회사를 재건하기 위해 시행착오를 거치며 구상을 하던 도중 '미키마우스'를 새롭게 탄생시켰습니다. 하지만 처음으로 효과음이나 소리를 넣어 만든 '증기선 윌리'에 대해서 대형 배급사들은 아무도 관심을 보이지 않았습니다.

? 당신의 선택은?

한 번쯤 해보고 싶었던 일을 하지 못했고, 창업도 했지만 아무도 관심을 보이지 않는다면 여러분은 어떻게 하겠습니까? 그것도 여러분이 제안한 아이디어에 NO라는 답변을 내놓은 곳이 대기업, 다시 말해 업계의 프로들이라면 말입니다.

유일하게 힘을 빌려준 곳이 뉴욕의 콜로니 극장이었습니다. 주 500달러라는 고액으로 대여했을 뿐만 아니라 '영화 회사들은 대중이 좋은 영화라고 말하기 전까지는 알아차리지 못한다'라는 중요한 사실을 가르쳐 주었습니다.

콜로니 극장에서 영화가 개봉하자 '증기선 윌리'는 인기몰이에 성공했으며 언론에도 오르내리기 시작했고, 배급사에서도 전화가 걸려왔습니다. 대중의 마음을 사로잡은 대역전극이었습니다.

이윽고 미키마우스라는 캐릭터가 미국 전역에 널리 알려졌으며, 1929년에는 어린이 대상 프로그램 미키 마우스 클럽이 각 지역 영화관에서 탄생했고 1931년에는 어린이 회원들이 100만 명을 넘을 정도로 인기가 많아졌습니다.

❗ 이렇게 해결해라!

이때의 경험에서 디즈니는 대중을 깊이 신뢰하게 되었고, 무엇을 하든 대중의 반응을 직접 살피게 되었습니다.

디즈니는 "대중은 언제나 내 편이었다. 미키 마우스를 가장 먼저 인정해 준 것은 평론가도 홍행주도 아니있고 바로 대중이었나."라는 말을 남겼습니다.

비평가보다 대중을 신뢰한 디즈니는 계속해서 영화를 히트시키는 한편, 1954년에는 영화계에서 회의적인 시선으로 바라본 텔레비전 진출을 본격적으로 결정했습니다. 그리고 그와 동시에 디즈니랜드 건설도 발표했습니다. 텔레비전은 대중에게 직접 접촉할 수 있는 방법이고, 텔레비전을 통해 디즈니를 알게 된다면 영화관에도 와줄 것이라는 대중에 대한 믿음이 저변에 깔려 있었습니다.

디즈니랜드 건설에는 막대한 자금이 필요했지만 "창의력에 가격표를 붙일 수 없다."라고 말한 디즈니는 직원들에게 세부 사항까지 꼼꼼히 살펴 최고의 결과를 만들어내라고 지시했습니다.

디즈니는 완성된 디즈니랜드에 많은 사람들이 방문하는 것을 보고 직원들에게 이렇게 말했습니다. "여길 좀 보게나. 이렇게 많은 사람들의 행복한 얼굴을 지금까지 본 적이 있는가? 이렇게 많은 사람들이 즐거워하는 모습을 말일세." 이때 디즈니의 얼굴에도 분명 방문객들과 비슷한 행복한 미소가 떠올랐을 것이라고 상상해 볼 수 있습니다.

대중을 위한 작품을 만드는 데 평생을 바친 디즈니는 1966년에 65세로 생애를 마감했습니다. 그러나 그가 만든 영화도, 디즈니랜드도 변함없이 많은 사람들에게 사랑받고 있습니다.

'승자는 고객들이 결정한다'라는 말이 있습니다. 디즈니는 누구보다도 대중을 신뢰하고 대중을 위해 만들어야 진정한 승자가 될 수 있음을 증명했습니다. 대기업이나 전문가들에게 비난을 받는다 하더라도 아이디어에 자신감을 가지고 있다면 대중이 진가를 판단하게 하십시오. 대중의 반응을 직접 확인하기가 어렵지 않은 지금 시대야말로 이런 방법을 적용해야만 할 때입니다.

4장

동기부여의 벽
– 결의의 시간

"나이가 어려서 리더로서
미숙하다고 평가받는다"

마크 저커버그(메타 창업자)

Mark Elliot Zuckerberg

부모님이 모두 의사였기에 유복했던 가정에서 태어난 마크 저커
버그는 초등학교 6학년 때 컴퓨터를 선물받아 프로그래밍을 시작했
습니다. 저커버그는 중학교 시절 동급생들이 '게임을 하며' 놀 때 '게
임을 만들었고, 고등학생 때는 친구들과 음악 재생 사이트 '시냅스'를
오픈했습니다. AOL 및 마이크로소프트에서 이 아이디어를 보고100
만 달러로 매수하겠다고 제안했지만 독립심이 왕성했던 저커버그는
단칼에 거절했습니다.

2002년에 하버드 대학에 입학한 저커버그는 반년도 안 되는 기간
에 강의 정보 소프트웨어인 '코스 매치'나 미인 투표 소프트웨어인
'페이스 매시' 같은 사이트를 만드는 등, 1년에 12개나 되는 프로젝트

를 완성시켰습니다. 그러다가 소셜 네트워크에 관심을 가지게 되었습니다. 당시에 하버드 대학은 전체 기숙사의 '페이스 북(학생들의 교류를 위해 나눠주는 인명록)'을 모아서 디지털화하겠다고 약속했지만 전혀 진척이 없었습니다. 프라이버시에 대한 우려도 있었지만, 사용자들이 자신의 정보를 직접 업로드하게 하면 된다고 생각한 저커버그는 하버드 대학 학생들만 이용할 수 있는 '더 페이스북'을 단 1주일 만에 제작해 2004년 2월 4일에 공개했습니다.

이때부터 보여준 성장 속도는 눈을 의심하게 만들 정도였습니다. 더 페이스북은 하버드에서 폭발적인 회원 수를 늘려 나갔습니다. 그리고 그 평판은 다른 대학에도 퍼져나가 같은 해 3월에는 다른 명문 대학교인 콜롬비아 대학과 예일 대학, 스탠퍼드 대학, 매사추세츠 공과대학으로 서비스를 확장해 나갔습니다. 그 결과 서비스를 시작한 지 겨우 한 달 만에 전체 회원 수가 1만 명을 돌파할 정도로 엄청난 인기를 모았습니다.

당시 SNS에서는 프렌드 스타나 마이페이스가 유행했는데, 모두 '익명이고 무엇이든 가능했던' 것에 비해 더 페이스북을 이용하려면 각 대학의 메일 주소가 필요했고 실명 등록을 해야 해서 신뢰도가 높았습니다. 2004년 4월에 저커버그는 동급생 더스틴 모스코비츠, 에드와도 새버린, 크리스 휴스와 함께 플로리다 주에서 더 페이스북을 회사로 정식 등록했고, 회사를 확장하기 위해 본격적으로 신경을 쏟기 시작했습니다. 동년 9월에 더 페이스북은 전미 370개 대학에서 회원 수 200만 명을 돌파했습니다. 2005년 9월에는 고등학생을 대상으로 한 서비스를 개시했으며 2006년 9월에는 '실명'과 '증명사진'을 업로드해야 한다는 규칙을 그대로 유지한 채로 일반 이용자들에게까지 서비스를 전면 개방해, 폭발적인 급성장을 이뤘습니다.

이러한 성공과 별개로 저커버그는 젊은 CEO로 어려운 시련을 경험했습니다. 2006년에 야후에서 10억 달러라는 거액을 제시하며 매수를 제안했는데 저커버그는 반대했지만 회사 분위기는 회사를 매각하려는 쪽으로 기울었습니다. 다른 이사들이나 투자가들은 거금을 손에 넣을 기회였기 때문에 당연히 그렇게 생각할 수 있습니다. 그러나 저커버그는 주변에서 아무리 설득해도 다음과 같이 반론하며 매각을 거절했습니다. "제시받은 돈은 엄청난 금액이다. 인생을 바꿀지도 모르는 거금이다. 하지만 우리에겐 그 이상으로 세계를 바꿔놓을 수 있는 기회가 있다. 누군가가 이 돈을 손에 넣는다는 것은 옳지 않은 것 같다." 저커버그가 고집을 피운다는 얘기가 회사 내에 일파만파 퍼지면서 그의 경영수완에 대한 불안감이 고조되었습니다.

❓ 당신의 선택은?

여러분은 젊고 경험이 없어서 잘못된 판단을 하지는 않을까 불안합니다. 그러나 중대한 결단을 내려야만 하는 상황이 되었다면 어떻게 하시겠습니까? 경험이 풍부한 사람의 조언을 구할 것입니까?

경영진 중 한 명은 저커버그에게 CEO를 위한 강습을 받으라고 추천하면서 강습을 받지 않으면 좋은 결과를 내지 못할 것이라고 말했습니다. 그의 조언대로 강습을 받으면서 저커버그의 생각이 변화하기 시작했습니다.

❗ 이렇게 해결해라!

야후 측에서 제안을 했을 때 저커버그가 바랐던 점은 자유 가입과 자신의 친구들이 무엇을 하고 있는지를 한눈에 알 수 있는 기능 그리고 뉴스 피드를 띄우는 것이었습니다. 이 아이디어는 대단히 성공적이었습니다.

아이디어를 적용한 후, 하루에 증가하는 인원이 약 2만 명에서 5만 명으로 늘었고 이로 인해 페이스북이 더 성장할 것이라고 회사의 모든 사람들이 확신했습니다. 직후에 22세의 저커버그는 "이런 이야기를 하면 걱정할 수도 있지만 나는 일을 하면서 배운다."라며 앞으로도 계속 배워나가면서 경영할 것이라고 선언했습니다. 부족한 부분은 직접 일을 해 보면서 익히겠다고 결심한 것입니다.

주식을 공개하고 인스타그램을 매수하는 등 SNS 업계 승리자가 된 저커버그였지만, 고객 개인 정보 보호 문제라는 거대한 벽에 부딪히게 되었습니다. 회사명도 '메타'로 변경하고 '메타버스의 최강자'를 목표로 한 이 회사가 험난한 환경을 앞으로도 잘 극복할 수 있을까요. 젊은 CEO 저커버그에게는 해결해야 할 과제가 남아 있습니다.

젊다는 것은 경험이 부족함을 의미하지만 급변하는 시대에는 경험이 없다는 것이 반대로 유리하게 작용하는 경우도 많습니다. '젊음'이 지닌 메리트를 활용하며 발로 뛰면서 배워 나가는 것입니다. 여러분이 계속 성장하기 위해 노력한다면 젊음이나 경험의 부족으로 스스로에 대한 불안을 가질 일은 없을 것입니다.

34

"여기 머물러 있으면
일인자가 될 수가 없다"

베르나르 아르노(모엣 헤네시 루이 비통 회장)

Bernard Arnautt

산하에 다섯 개의 그룹(와인 스피리츠, 패션 피혁 퍼퓸 코스메틱, 워치 주얼리, 셀렉티브 리테일링), **70개 이상의 브랜드**(크리스찬 디올, 루이비통, 모엣 샹동, 헤네시 등)를 거느리고 있는 LVMH(모엣 헤네시 루이 비통) 회장인 베르나르 아르노는 프랑스 패션 업계의 '제왕', '교황'이라고 불리는 존재입니다. 그러나 그는 원래 패션 업계와는 아무런 연고가 없는 젊은이였습니다.

프랑스 북부 루베에서 태어난 아르노의 아버지는 페레 사비넬이라고 하는 사원이 천 명 정도 있는 건설 회사를 경영했습니다. 유복한 가정에서 태어나 성적도 우수했던 아르노는 프랑스 명문 에콜 폴리테크니크(이공과 학교)에 진학했습니다. 에콜 폴리테크니크는 본래 과학자를 육성하기 위한 학교였는데, 아르노는 과학자가 되고 싶은 마음도 없거니와 졸업생 중 일부가 관심을 가지고 있던 고위 관료직에도 흥미가 없었습니다.

아르노의 관심은 비즈니스에 쏠려 있었으며 에콜 폴리테크니크가 기업 경영에 도움이 될 것이라고는 생각하지 않았지만, 기왕 공부한다면 가장 높은 곳을 목표로 하는 것이 좋다고 생각해 입학했습니다. 아버지는 1971년 대학을 졸업한 아르노에게 회사 경영을 맡겼는데 입사 5년 만에 건설사업부를 매각하고 부동산 산업에 집중하여 성과를 내는 등 남다른 경영 수완을 보였습니다. 그리고 1979년에는 아버지의 뒤를 이어 사장 자리에 취임하게 됩니다.

아버지의 기대대로 아르노는 젊은 시절부터 경영자로 두각을 나타냈습니다. 건설업에서 부동산 개발로 사업을 확장했고, 1982년부터 1984년까지 3년 동안 미국 뉴욕에서 거주하면서 건설 회사를 경영했습니다. 이때 뉴욕에서 지냈던 경험이 아르노에게 전환점이 되었습니다.

뉴욕으로 이주하기 전에 처음으로 뉴욕을 방문한 아르노는 택시 운전기사에게 프랑스에 대해 무엇을 알고 있는지 물어 보았습니다. 프랑스의 대통령 이름을 알고 있냐는 질문에 택시 기사는 이렇게 답했습니다. "모르겠는데요. 그렇지만 크리스찬 디올은 알고 있습니다." 특별할 것 없는 이 한 마디 대화가 아르노에게 강한 충격을 주었습니다. 디자이너 크리스찬 디올이 사망한 지 20여 년 정도가 지났는데도 '크리스찬 디올'이라는 브랜드는 시대를 넘어 전 세계에 알려져 있던 것입니다. 반면에 아르노가 경영하던 회사가 전 세계의 건설 회사들과 어깨를 나란히 하기란 쉽지 않아 보였습니다.

? 당신의 선택은?

만약 '이대로는 이 분야의 최고가 될 수 없다'는 생각이 든다면 어떻게 하겠습니까? 업계나 회사에서 이적을 고려하시겠습니까? 아니면 모험을 꺼리고 2등에 만족하시겠습니까?

아르노는 경제학자인 갤브레이스의 '이길 가망이 없는 분야에서 경쟁해 파산하는 것보다는 프랑스에서 자신 있는 고급 브랜드 분야에서 리더를 목표로 해야 한다'라는 말과 자신이 미국에서 경험한 내용을 바탕으로 다른 나라에는 없는 '신화적인 존재'인 프랑스 브랜드를 전 세계로 전개해야 한다고 확신했습니다. 그리고 기회는 금방 찾아왔습니다.

1984년에 아르노는 경영 부진으로 인해 국가의 관리하에 놓인 브삭 세인트 프레레를 매수하기 위해 입후보했습니다. 목적은 크리스찬 디올이었습니다. 그러나 이 회사를 손에 넣기 위해서는 브삭 그룹 전체를 매수해야만 했습니다.

! 이렇게 해결해라!

브삭 그룹의 규모는 아르노가 사장으로 있는 기업의 무려 12배에 달했기 때문에 삼켜버릴 수 있을 정도의 규모가 아니었습니다. 하지만 아르노는 은행에서 기업을 고스란히 담보로 잡아 4억 프랑을 마련했으며 자신의 모든 것을 쏟아부어 브삭 그룹을 손에 넣었습니다.

그 당시 35세였던 아르노는 사회적으로 무명에 가까운 존재였기 때문에 '루베 출신이고 에콜 폴리테크니크를 졸업한 34세(원문을 그대로 인용)의 건축가가 브삭을 인수한 의도는 무엇인가'라는 중상으로 가득 찬 기사가 등장하기까지 했습니다. 하지만 아르노 본인은 "우리는 이 회사를 재건할 능력이 있다고 확신한다. 우리의 능력을 의심한 적은 없다."라고 자신만만하게 대응했습니다.

유력한 브랜드라면 잠깐 기세가 꺾일 수는 있어도 반드시 재도약할 수 있는 기회가 온다고 믿고 있었던 아르노는 그의 신념대로 디올을 훌륭하게 재건했으며, 88년에는 침체되어 있던 LVMH를 매수해 디올과 연계했습니다. 그리고 10개의 브랜드로 100억 프랑의 매출을 내던 LVMH를 2000년에는 45개 브랜드와 600억 프랑의 매출로 성장시켰습니다. 염원했던 고급품 브랜드 산업 분야에서 세계 1위를 달성한 것입니다. 아르노는 "나는 결코 도박사가 아니다. 나에게는 세계 최대의 명품을 취급하는 회사를 만들려는 명백한 목표가 있었고 이를 위해 착실히 사업을 키워 온 것"이라고 말했습니다.

아르노가 비즈니스에 대해 가지고 있던 생각이 유별난 것임에는 틀림없지만, 누구나 진심으로 성공하고 싶다면 '승리할 수 있는 분야가 어디인지' 분간해야만 합니다. 명백하게 승기를 잡지 못하는 곳에서 싸우는 것보다는 이길 수 있는 분야를 찾고 그 분야에 전력을 다하는 것이야말로 확실히 승리할 수 있는 길로 들어서는 방법입니다. 아르노처럼 '반드시 이길 수 있는 분야'에 집중하는 것도 방법이 될 수 있고 브라이언 체스키(에어비앤비)처럼 '아무도 생각해 내지 못한 새로운 분야'를 발견하는 것도 한 가지 방법이 될 수 있습니다.

기업의 벽

35

"계속 추구하던 꿈이
두 번이나 박살 났다"

에드윈 캐트멀(픽사 공동 설립자)

Edwin Catmull

　스티브 잡스와 함께 픽사를 설립하고 후에 월트 디즈니 애니메이션 스튜디오의 사장이 된 에드윈 캐트멀이 어린 시절부터 가진 꿈은 '디즈니 애니메이터'가 되는 것이었습니다. 디즈니 영화를 좋아하고 직접 플립북도 만들곤 했지만 그림을 잘 못 그린다는 사실을 금방 깨닫고는 꿈을 포기했습니다.

　캐트멀은 어쩔 수 없이 유타 대학에 진학했고, 몰몬교도가 되어 2년 동안 포교 경험을 쌓기 위해 대학 생활을 중단했습니다. 그러다 대학에 복학한 즈음에 컴퓨터 사이언스 학부가 개설되었는데 캐트멀은 해당 학부의 1기생이 되었습니다.

　1969년에 컴퓨터 사이언스와 물리학 학위를 취득하고 졸업한 캐트멀은 보잉에 취직했지만 얼마 지나지 않아 보잉에서 수천 명의 사원들을 해고했습니다. 직장을 잃은 캐트멀은 대학원에 입학하기로 했습니다.

캐트멀은 어릴 때의 꿈을 떠올렸습니다. 컴퓨터 그래픽을 사용하면 애니메이션 장편 영화를 제작할 수 있지 않을까 하고 생각한 것입니다. 지금이야 물론 컴퓨터로 온갖 화상을 만들어낼 수 있지만, 당시 컴퓨터는 겨우 정지 화상을 만들 수 있는 정도였습니다. 캐트멀은 이 기술을 활용하면 그림을 잘 그리지 못하는 사람이라 할지라도 컴퓨터로 그림을 그린 다음 애니메이션을 만들면 되겠다고 생각했습니다.

캐트멀은 CG의 시조인 아이번 서덜랜드에게 배웠고, 새로운 기술을 만들어냈습니다. 그리고 연구 프로젝트의 일환으로 짧은 애니메이션 영상을 제작하는 데 성공했습니다. 이 방법은 1976년에 공개된 영화 '미래 세계'에도 사용되었는데 이때 캐트멀은 영화 산업을 최초로 접하게 되었습니다.

캐트멀이 영화에 가지고 있던 마음을 잘 알았던 서덜랜드 교수는 캐트멀을 디즈니 경영진에게 소개했습니다. 그러나 디즈니 경영진은 영화 제작에 CG를 사용하는 일에 흥미를 보이지 않았으며, 디즈니랜드에 도입하는 어트랙션 설계에 참여하도록 제안할 뿐이었습니다. 여기까지 와서 꿈을 포기할 수 없었던 캐트멀은 알렉산더 쇼어가 개설한 뉴욕 공과대학의 컴퓨터 그래픽 연구소 소장으로 취임했습니다.

쇼어는 애니메이션 영화를 제작하려는 열의에 가득 차 있었습니다. 당시 애니메이션은 애니메이터의 어마어마한 수작업을 바탕으로 만들어졌기 때문에 애니메이터 대신 컴퓨터로 제작하는 것은 어떨지 생각해 보았습니다. 캐트멀은 쇼어의 지원을 받아 인력 자원과 자금을 충분히 사용할 수 있게 되었습니다. 작업을 위해 모인 멤버들은 오랜 시간 일하는 것도 마다하지 않고 오직 '디즈니가 되기를 목표로' 했습니다.

그리고 1975년에 '터비 더 튜바(Tubby the Tuba)'라는 영화를 완성했습니다. 그러나 이 영화는 '프레임에는 먼지가 낀 것 같았고 선 아래에는 그림자가 생겼으며, 음악은 암울하고 내용은 화가 날 정도여서 작품 자체가 통한의 극치이다'라는 평가를 들을 정도로 최악의 결과물이었기 때문에 결국 원래 기법대로 만들어야만 했습니다. 멤버 중 한 명은 '내 인생을 2년이나 허비해 버렸다'며 오열했을 정도였고 캐트멀 역시 마찬가지였습니다. 캐트멀은 영화 제작 기술은 개발했지만 가장 중요한 플롯이나 내용, 사랑스러운 캐릭터를 고안하지 않았던 것입니다. 그는 "자본만 있다고 다 되는 것은 아니라는 걸 확실히 깨달았다. 기술만 개발해서는 안 된다. 가치 있는 영화를 만들기 위해서는 영화 스토리 제작에 뛰어난 멤버를 영입해야 한다."라고 말했습니다.

? 당신의 선택은?

한 번 포기한 꿈을 다시 좇았는데 또 실패했다면 여러분은 어떻게 하겠습니까?

엄청난 실패를 경험한 캐트멀은 그 후 루카스 필름에서 디지털 합성 기술을 개발했습니다. 그때 월트 디즈니 출신이었고 해고된 지 얼마 지나지 않은 존 래시터를 만났습니다. 래시터는 영화 스토리나 캐릭터를 제작하는 재능과 CG에 대한 이해를 모두 갖추고 있었습니다. 얼마 뒤 잡스가 이 팀을 매수하면서 픽사가 탄생했고, 1995년에 세계 최초 전편 풀 CG 장편 애니메이션 영화 '토이 스토리'가 탄생하게 되었습니다.

❗ 이렇게 해결해라!

"기술이 예술을 자극하고, 예술은 기술에 도전한다." 이것은 픽사가 중요하게 여기는 표어 중 하나입니다. 픽사는 CG 기술에 뛰어난 캐트멀이 자신에게 부족한 것을 현명하게 파악했기 때문에 성공을 거둘 수 있었습니다.

오랜 기간 꿈꿔온 것이 자신의 재능으로는 불가능함을 알게 되었다면 누구나 괴로울 것입니다. 개중에는 이대로는 아무리 노력해도 힘들 것 같다는 생각이 들어도 포기하지 못하고 방법도 바꾸지 못한 채 꿈에 매달려 있는 사람도 있을 수 있습니다.

그러나 모든 일을 혼자서 해낼 수 있는 천재는 없습니다. '자신이 잘 하는 것'뿐만 아니라 '자신에게 부족한 것'을 자각하고 이를 보완해 주는 사람이나 방법을 발견해 내는 능력이 필요합니다. 이 점을 의식하며 노력한다면 서로가 부족한 부분을 보완해 플러스 마이너스 제로 이상의 결과를 낼 수 있다는 것을 캐트멀을 통해 배울 수 있습니다.

36

"불가능에 가까운 일을 해낼 수 있냐는 질문을 받았다"

빌 게이츠(마이크로소프트 창업자)

Bill Gates

유복한 가정에서 태어나 천재라는 소리를 듣고 자란 빌 게이츠는 어린 시절부터 '무엇이든 1등'을 하지 않으면 직성이 풀리지 않는 경쟁심 덩어리 그 자체였습니다. 그러던 그가 시애틀의 명문 레이크사이드스쿨 2학년 재학 시절에 컴퓨터를 접하게 됩니다. 당시 컴퓨터는 대단히 비싸고 귀한 물건이었기에 가르치는 교사조차도 컴퓨터에 능숙하지 않았습니다. 그래서 빌 게이츠는 독학으로 컴퓨터를 마스터해 버렸습니다.

컴퓨터에 푹 빠져 버린 빌 게이츠는 나중에 함께 마이크로소프트를 창업하게 될 2살 연상의 폴 앨런과 함께 컴퓨터실에 틀어박혀 독자적인 프로그램으로 게임을 제작하고는 했습니다. 컴퓨터 활동에 매진

하면서도 학교 성적까지 좋았던 게이츠는 1973년에 하버드 대학에 진학했습니다. 그러나 그의 관심 대부분은 입학 전과 마찬가지로 컴퓨터에 쏠려 있었으며 '36시간 넘게 철야로 게임 프로그램을 만들다가 죽은 듯이 10시간 가까이 수면을 취한 후 피자를 꾸역꾸역 뱃속에 채우고 나서 다시 프로그램 제작을 위해 컴퓨터 앞에 앉는' 엉망진창인 생활 패턴을 유지했습니다. 그가 머릿속에 그리던 모습은 '25세까지 우선 100만 달러를 벌어들인다'는 것과 '언젠가 컴퓨터가 텔레비전과 마찬가지로 모든 가정에 보급되는 날이 올 것'이라는 상상이었습니다. 게이츠는 학창 시절부터 스스로의 재능에 자신이 있었고, 소프트웨어를 만드는 능력도 있었지만 '엄청난 것을 만들었으니 사 주십시오'라고 어필하고 다닐 세일즈맨 스타일은 아니었습니다.

그러한 게이츠와 앨런 앞에 기회가 찾아왔습니다. 1974년 12월에 앨런은 MITS에서 만든 소형 컴퓨터 '알테어 8080'을 다룬 기사를 잡지에서 발견하고 게이츠에게 함께 알테어용 BASIC 프로그램을 개발해 MITS에 판매하자고 제안했습니다. 당시는 하드웨어는 있었지만 이를 동작시키는 프로그램이 부실한 시절이었습니다. 세상을 바꿀 만한 기회가 찾아온 것입니다. 그러나 수중에는 판매할 수준으로 완성된 프로그램이 없었습니다.

❓ 당신의 선택은?

멋지게 해낸다면 큰 성과를 거둘 수 있는 의뢰나 기회가 앞에 놓여 있습니다. 그런데 자신이 전혀 준비가 되지 않았거나 작업이 전혀 진행되어 있지 않는 상태임을 알게 된다면 여러분은 어떻게 하겠습니까?

놀랍게도 게이츠는 아직 아무 프로그램도 만들어지지 않았음에도 불구하고 MITS에 판매를 하기로 했습니다. 그리고 프로그램을 불과 8개월 만에 완성시켜 납품해 내고야 말았습니다. 이 일은 훗날 게이츠 본인이 '그 프로그램은 내가 만든 프로그램 중에서도 최고'라고 회상할 정도였으며, 업계 최초로 실질적인 표준이 되었습니다.

그리고 1975년에 마이크로소프트를 창업한 게이츠에게 또다시 절호의 기회가 찾아왔습니다. 1980년에 컴퓨터 업계의 거대 기업인 IBM은 애플II의 성공을 보고 개인용 컴퓨터 시장에 뛰어들기로 결정했습니다. 당초 IBM은 별도의 OS를 고려하고 있었지만 교섭이 순조롭게 이루어지지 않자 마이크로소프트에 개발을 의뢰했으며, 게이츠는 시애틀 컴퓨터 프로덕츠에서 7만 5,000달러에 구매한 OS를 IBM용으로 개량해 PC-DOS라는 이름으로 납품했습니다. 게이츠는 IBM과의 거래 자체는 꽤 저렴하게 계약했지만 그 대신 마이크로소프트가 제작한 OS에 대해 다른 업체와 라이선스 계약을 체결할 수 있는 조항을 추가했습니다.

그 결과 많은 업체들이 IBM과 호환되는 컴퓨터를 제조하기 시작해 MS-DOS는 게이츠의 바람대로 컴퓨터 OS의 표준이 되었습니다. 그러나 게이츠는 MS-DOS의 한계를 파악하고 있었습니다. 이를 뛰어넘기 위해서는 애플의 스티브 잡스가 내놓은 매킨토시(1984년 발매)용 OS처럼 아이콘 등 시각적 요소로 사용자 편의성을 향상한 GUI 기술을 접목시킨 OS를 개발해야만 했습니다.

❗ 이렇게 해결해라!

게이츠는 이 프로그램을 '윈도우'라고 이름 지었으며, 아직 설계조차 완성되어 있지 않은 윈도우를 1983년에 발표했습니다. 잠재적인 사용자들이 경쟁 회사의 제품을 구입하는 것을 막기 위한 방법 중 하나로 자사에서 더욱 뛰어난 제품을 만들고 있다고 발표하는 경우가 있습니다. 게이츠가 미리 발표를 한 이유도 바로 이러한 이유 때문이었습니다.

사실 이 사업은 쉽게 진행되지 않았습니다. '윈도우 1.0'이 완성된 것은 발표 시점부터 2년이나 지난 1985년이었습니다. 이 버전은 게이츠가 기대한 것만큼 성공적이지 못했으며, 1990년에 3.0을 출시하기까지 한층 더 많은 시간이 필요했습니다. 대부분의 사람들은 '없는' 것을 '있다'고 말하지 않으며, 제대로 완성한 다음에야 이야기를 진행시키려고 합니다. 그래서 우선 만드는데 전력을 쏟습니다. 그러나 게이츠는 일단 계약을 해서 경쟁 회사의 상품을 방해한 다음 전력으로 개발을 진행해 승리와 부를 손에 넣었습니다. 게이츠에게는 압박감과 승리의 기쁨이 최선을 다하는 원동력이 되었습니다.

게이츠와 유사한 '고민'에 사로잡히는 이유는 다소 무리하게 일을 진행했기 때문일 수도 있습니다. 상사나 거래처에서 '해낼 수 있겠습니까?', '방법은 있습니까?'라는 말을 들으면 기가 죽는 사람들이 많습니다. 하지만 게이츠는 너무나도 당당하게 '가능하다', '방법이 있다'라고 대답했습니다. 쉽게 기가 죽는 사람들은 게이츠처럼 '할 수 있습니다', '방법이 있습니다'라고 일단 대답해

보기 바랍니다. 게이츠 역시 자신 있는 대답과 달리 약속을 지키지 못하면 곤란한 상황에 놓이게 될 것이었습니다. 하지만 일단 말을 꺼낸 이상 해낼 수밖에 없습니다. 이러한 압박은 분명 큰 원동력이 될 것이며 지금까지 잠들어 있던 여러분의 저력을 이끌어 내는데 도움이 될 것입니다.

37

"막대한 비용을 투자해 날린 로켓이
공중에서 폭발했다"

일론 머스크(테슬라 CEO, 스페이스 X 창업자)

Elon Reeve Musk

　일론 머스크는 1971년 남아프리카 공화국에서 태어났습니다. 어린 시절 머스크는 비길 데 없는 독서광으로 하루에 두 권씩 책을 읽었습니다. 이때 판타지 소설이나 SF 소설을 많이 읽었던 것이 이후 '세계를 구한다'는 생각으로 이어졌을 지도 모른다고 머스크는 말했습니다. 또한 그는 컴퓨터에도 다른 사람들보다 훨씬 큰 관심을 가지고 있었습니다. 10세의 나이에 프로그래밍을 독학으로 마스터하고, 12세 때에는 자작 대전 게임 소프트웨어를 판매해 500달러를 손에 넣었을 정도로 천재성을 발휘했습니다.

　의지만 있으면 무엇이든 할 수 있다는 개척 정신과 최신 기술에 대한 동경을 품고 미국 이주를 간절히 바라던 머스크였지만 세상은 그렇게 간단하지 않았습니다. 하지만 머스크는 포기하지 않고 차선책으로 어머니의 친척이 살고 있는 캐나다로 이주했습니다. 전기톱을 사용하는 나무 벌목이나 보일러실 청소와 같은 가혹한 노동이 매일 이어졌습니다.

1990년에 19세의 나이로 캐나다의 퀸스 대학에 입학한 그는 2년 후에 장학금을 받아 드디어 미국 펜실베이니아 대학 와튼 스쿨에 들어갔습니다. 여기서 물리학과 경제학 학사 학위를 취득한 머스크는 1995년에 응용 물리학을 배우기 위해 명문 스탠퍼드 대학원 물리학 과정에 진학합니다. 그러나 이때 '신문과 같은 미디어용 웹사이트 개발을 지원하는 소프트웨어를 판매'하려는 아이디어가 떠오르자 불과 이틀 만에 중퇴를 결심했습니다.

자퇴 후 온라인 콘텐츠 회사인 'ZiP2'를 설립했지만 수익이 없다 보니 궁핍한 생활을 면치 못했습니다. 그러나 그는 "가난하더라도 행복할 수 있다면 도전하려 할 때 큰 도움이 된다."라며 크게 신경 쓰지 않았습니다. ZiP2와 X닷컴(이후의 페이팔)의 성공을 거쳐 1억 6,500만 달러를 손에 넣은 머스크는 학생 시절부터 구상했던 '인류 구제'에 나섰습니다.

처음에 생각했던 것은 화성에 '바이오 피어'라고 불리는 미니 지구 환경을 조성해서 식물을 재배하는 것이었습니다. 그러나 이 계획에 꼭 필요한 저렴하면서 신뢰도가 높은 로켓을 구할 수 없었기 때문에 직접 만들고자 스페이스 X라는 회사를 세우게 됩니다. 2002년에 스페이스 X를 만든 머스크가 사업을 개시할 때 세운 목표는 '우주 분야의 사우스웨스트 항공'이 되는 것이었습니다.

사우스웨스트 항공은 저렴한 항공사의 대표격으로 저가격, 저비용을 실현했고 기업 역시 우량 기업으로 유명힙니다. 스페이스 X도 마찬가지로 우주 사업의 '가격 파괴'를 실현하면서 우량 기업이 되는 것을 목표로 했습니다. 그러나 로켓 개발에는 엄청난 위험이 뒤따르고 막대한 비용도 발생합니다. 그럼에도 불구하고 머스크는 설립한지 15개월 만에 로켓을 발사한다는 터무니없는 계획을 세우고 추진했습니다. 스페이스 X가 처음 로켓 발사에 도전한 2006년 3월에는 발사후 겨우 25초 만에 제어 불능 상태가 되어 지상으로 추락했습니다. 두번째 도전은 2007년 3월이었는데, 이때도 로켓이 공중분해되어 폭발했습니다. 세 번째 도전은 2008년 8월이었으며 로켓 1단과 2단이 분리되면서 폭발 사고를 일으켰습니다.

❓ 당신의 선택은?

민간인이면서 로켓을 쏘아 올렸고 세 대가 추락, 공중분해, 폭발을 일으킨 사건이 있었습니다. 이 정도까지는 아니라 하더라도 엄청난 일에 도전해 사람들의 주목을 받는데 뼈아픈 실패를 거듭한다면 여러분은 어떻게 하시겠습니까?

"이런 일에 기죽지 말자. 최대한 빨리 냉정함을 되찾고 무슨 일이 발생했는지 분별하고 원인을 제거하면 된다. 그러면 실망은 희망과 집중으로 바뀔 것이다." 머스크는 이렇게 말하며 사원들을 격려했습니다. 그러나 실제로는 머스크 본인도 이 시기에 최악의 상태에 직면했습니다. 머스크가 경영하는 또 다른 회사 테슬라 모터스의 전기 자동차 '로드스타' 개발이 늦어지면서 자금 측면에서도 어려운 상황에 놓이게 된 것입니다. 이런 상황에도 머스크는 '최후의 1달러까지 회사를 위해 사용하고 싶다'며 도전을 계속합니다.

그리고 머스크의 집념이 드디어 결실을 맺는 날이 도래했습니다. 2008년 9월, 실패하면 모든 것을 잃어버릴 수 있는 네 번째 도전에서 드디어 우주발사체 팰컨1을 궤도에 올리는 데 성공했습니다. 이 성공은 '결코 불가능'하다는 주변의 평가를 뒤집는 쾌거였습니다. 머스크는 "지구상에서 이를 해낸 것은 불과 몇 개국 밖에 없다."라며 자랑스럽게 승리를 선언했습니다. 스페이스 X는 이 실적을 기반으로 2008년 12월에 16억 달러의 로켓 발사 계약(12회분 보급 계약)에 성공했고 테슬라를 포함한 머스크의 회사들은 기사회생의 기회를 잡게 되었습니다.

❗ 이렇게 해결해라!

우주 개발 분야의 선두 주자가 된 스페이스 X의 특징은 '실패하는 것에 신경 쓰지 않는다'는 점입니다. 실제로 로켓을 재활용하려고 하는 실험에서도 여러 번 실패를 거듭했지만 원인을 조속히 분별하고 대책을 강구해 최종적으로는 성공을 거둔 것입니다.

이처럼 사람들 앞에서 실패하는 것을 두려워하지 않는 자세야말로 머스크가 위업을 달성할 수 있었던 이유 중 하나입니다.

도전에는 실패가 뒤따르기 마련입니다. 특히 그것이 큰 도전이라면 그에 비례한 큰 실패를 할 수도 있고 때로는 수치스런 상황에 놓일 수도 있습니다. 그러나 실패나 부끄러움을 두려워하기만 해서는 아무 일도 달성할 수 없습니다. 실패를 두려워하지 않고 원인을 찾아내어 개선하는 힘이야말로 성공의 시작점이 됩니다. 머스크처럼 위기에 굴하지 않고 당당하게 대처하기란 쉽지 않지만 그렇기 때문에 결국 큰 성공을 거머쥐게 된 것일지도 모릅니다.

38

"줄곧 생각했던 목표와 다른 기회가
생겼을 때 어떻게 할 것인가"

제리 양(야후 창업자)

Jerry Yang

제리 양(Jerry Chih-Yuan Yang, 楊致遠)은 1968년에 대만 타이베이에서 태어났습니다. 그가 두 살이었을 때 아버지가 돌아가셨고, 10살 때는 가족들과 함께 미국으로 이주했습니다. 그는 당시의 일을 이렇게 회고합니다. "우리 형제는 어머니에게 '인내의 법칙'을 배웠다. 야후를 창업한 이래로 힘든 일이 많이 있었지만 혈혈단신으로 우리를 키워준 어머니의 노고에 비하면 별것 아닌 일이다. 어머니는 어린 나이의 아들 둘을 데리고 몇 개의 캐리어와 함께 대만에서 미국으로 이주했는데 당시 나는 10살이었고 알고 있는 영어라고는 '슈(신발)'뿐이었다. 마음이 꺾인다 해도 이상할 일 없는 상황이었다."

캘리포니아주에서 생활하기 시작한 양은 어려워하던 영어를 3년 만에 상급 레벨까지 마스터했으며 고등학교 때는 대학 수준의 영어 강를 들을 정도가 되었습니다. "공부도 일도 노는 것까지도 무엇을 하든 전력으로 임했다. 오직 한결같이 노력을 계속했다." 이처럼 열심히 노력한 결과 양은 명문 스탠퍼드 대학 전기 공학과에 진학했습니다. 양은 대학을 졸업하고 나서 취직을 할 예정이었지만 그가 졸업하는 해인 1990년은 뉴스에서 '올해 구인 시장 축소, 대졸 고용률 13% 감소'라고 보도할 정도로 앞날이 암울한 시대였습니다. 양은 일자리를 찾을 수 없었습니다.

❓ 당신의 선택은?

양은 졸업하고 나서 일을 하려 했지만 주변 환경으로 인해 원래 세웠던 계획이 변경되어 대학원에서 연구하기로 했습니다. 업무적인 목표나 인생 계획이 생각한 대로 흘러가지 않을 때, 여러분은 어떤 마음으로 다음 길을 걸어 나가기 시작할 것입니까?

양은 마지못해 대학원에 진학했지만 다행히도 금세 푹 빠져들 만한 일을 찾았습니다. 스탠퍼드 대학원에 진학한 양은 후에 함께 야후를 창업하는 데이비드 파일로와 함께 박사 논문을 쓰기 시작했습니다. 박사 논문은 '더 빠르고 효율적인 컴퓨터 칩을 설계하기 위해 필요한 알고리즘을 연구한다'는 테마였는데, 그러던 중에 '웹이라는 멋진 것을 발견했다'고 합니다. 그리고 이것이 양의 앞으로의 인생을 바꾸어 놓았습니다.

❗ 이렇게 해결해라!

어쩔 수 없이 대학원에 진학한 양은 파일로와 함께 논문은 뒷전으로 하고 웹상의 링크를 분류하는 작업에 몰두했습니다. 그 당시에는 사업으로 연결하려는 생각은 없었습니다. '우리 웹사이트를 방문한 사람들에게 멋진 서비스를 제공하도록 하자. 그러면 우리도 보람이 있겠지'라는 마음으로 계속 작업에 몰두했습니다.

그런데 두 사람이 만든 '웹 디렉토리 서비스'에 관심을 보인 세쿼이아 캐피털이라는 벤처 캐피털 회사에서 '사업화를 위해 100만 달러를 투자하고 싶다'고 말했으며, 둘은 1995년 3월에 야후를 공동으로 설립하게 되었습니다. 양 본인도 상상하지 못했던 일이었습니다. 양은 이 당시를 회상하며 하와이 대학 졸업식 연설에서 학생들에게 이렇게 말했습니다. "세렌디피티(우연치 않은 만남이나 운명을 깨닫는 능력)나 가능성에 대해 열려 있어야 한다. 잘 될 것 같은 느낌이 들지만 자신이 그려 온 계획과는 조금 차이가 있는 일을 만나게 되었다고 가정해 보자. 그럴 때는 그 기회를 잡아야 한다. 그리고 전력을 다해야만 한다. 열정에 몸을 맡기고 일이 진행될지에 대해 걱정하지 않아도 된다. 멋진 결과가 여러분을 기다리고 있을 것이다."

설립 1년 후인 1996년에 나스닥에 주식을 공개했고, 둘은 자산가가 되었습니다. 회사 역시 1990년 중반 초기 인터넷 시대의 선구자가 되었으며 2000년에 들어와서도 구글에 점유율을 뺏기기 전까지 가장 인기 있는 사이트로 존재했습니다.

양 본인도 상상하지 못한 인생이었지만 매우 좋아하는 일을 발견했을 때 최선을 다했고, 그러던 도중에 낯선 오솔길에 발을 들인 결과 조우한 행운이기도 했습니다.

이렇게 양과 만나 기회를 손에 넣은 사람이 소프트뱅크 창업자 손정희(손 마사요시)입니다. 1995년 11월에 미국에 체재해 있던 손정희는 야후에 대해 알게 된 다음 양과 파일로를 만나서 몇 가지 질문을 던 졌습니다. 그러고 나서 5% 출자와 일본법인 설립을 제안했습니다. 그 러나 1996년 2월에 다시 미국을 방문해 양과 파일로를 만난 손정희는 야후에 출자하는 비율을 5%에서 35%로 증가시키겠다고 말했습니다. 당시 야후는 사원 15명, 매출은 20억 원임에도 10억 원의 적자를 기록 하고 있었습니다.

아무리 야후에서 주식 공개를 앞두고 있었다고는 하지만 그러한 기업에 1,000억 원을 투자하는 것은 너무 무모하다는 반대를 받았습 니다. 그러나 손정희는 '반대하지 말고 내 직감에 1,000억 원을 맡겨 주길 바란다'라며 자사 임원을 설득했습니다. 이 결단을 통해 손정희 는 거액의 이익과 회사 성장이라는 무기를 손에 넣었으며, 야후 역시 일본에서의 입지를 확고하게 다질 수 있었습니다.

무엇에 대해서든 계획을 세우는 것은 매우 중요한 일입니다. 그러나 계획 에 지나치게 집착하면 기껏 찾아온 기회를 놓치는 경우도 있습니다. 계획대로 진행하는 것보다도 중요한 것은 눈앞에 찾아온 기회를 잡는 힘입니다. 바라던 것과 다르다고 결론짓지 말고, 이 기회 또한 흥미로울 것 같다고 생각하면 좋을 것입니다.

39

"온라인 사회의 알력이나 분단을 어떻게 해결할 것인가"

탕펑(대만 디지털 담당 정무위원)

Audrey Tang

2020년에 전 세계가 신종 코로나 바이러스의 급속한 확산으로 인해 공포에 떨고 있을 때, 가장 주목받은 사람 중 한 명으로 대만 디지털 담당 정무위원(장관급 각료) 탕펑(오드리 탕)이 있습니다. 그는 아이큐가 180 이상이었으며 중학 시절 이후 학교에 가지 않고 16세의 나이에 회사 경영에 뛰어들었습니다. 그리고 35세의 나이에 대만 역사상 최연소 정무위원으로 취임한 독특한 경력을 가졌습니다.

탕펑은 1981년에 대만의 수도 타이베이에서 태어났습니다. 생리학적으로는 남자였기에 탕쫑한(唐宗漢)이라는 이름을 가지고 있었지만 24세 때 트랜스젠더라는 사실을 공표하면서 이름도 탕펑으로 개명했습니다. 심장병을 가지고 있어서 집 안에서 지내는 시간이 길었는데 자택에는 아버지가 보유한 방대한 양의 서적이 있었습니다. 3세 무렵에는 이이들올 대상으로 한 서직을 읽었고 어린이용 백과사선의 내용도 모조리 암기할 정도였으며, 어린 나이일 때부터 계산도 할 수 있었습니다. 4세가 되었을 때 유치원에 다니기 시작했는데 다른 아이들로부터 소외당해서 두 번이나 유치원을 옮겨야만 했습니다.

초등학교에 입학한 이후 이미 연립 방정식을 풀 수 있었던 탕펑에게 수업은 지루함의 극치였고 교사들에게 체벌을 받거나 동급생에게 괴롭힘을 당하기도 했습니다. 학교는 빠지기 일쑤였고 독학으로 배우기 시작한 컴퓨터와 프로그래밍만이 탕펑의 유일한 즐거움이었습니다.

얼마 지나지 않아 아버지가 거주하고 있는 독일로 유학 간 탕펑은 권력이나 권위적인 자세로 아이들을 누르려고 하는 대만의 학교와, 엄격하지만 말로 설득하는 독일 학교의 차이를 느끼고는 대만으로 돌아가 '대만 교육을 바꾸고 싶다'고 생각하게 되었습니다. 대만으로 돌아간 탕펑은 주 3일만 학교에 다녔고, 그 외의 시간에는 인터넷과 프로그래밍에 푹 빠져 있었습니다.

고등학교에는 진학하지 않기로 결정했으며 IT 업계에서 살아가기로 결심한 탕펑은 1996년에 IT 기업인 '자신(資訊)인문화사업공사'라는 회사를 설립하는 데 참가했으며 직접 개발한 소프트웨어가 세계적으로 큰 인기를 끌었습니다. 그 후 탕펑은 회사를 떠나 밍지 컴퓨터(明碁電腦)에 입사했고 실리콘 밸리에 파견되었습니다. 여기에서 '소프트웨어는 누구나 자유롭게 프로그램을 만들고 생활과 사회의 발전을 위한 도구로 무료로 사용할 수 있어야 한다'라는 자신의 신념과 비슷한 '프리소프트웨어 운동'과 '오픈 소스 운동'을 접하게 되었으며, 자신이 무엇을 해야 하는지 명확히 자각했습니다.

2000년에 대만으로 돌아간 탕펑은 'iThome(傲爾網)'이라는 회사를 설립했고 오픈 소스와 프로그래밍 언어 Perl을 보급하기 위한 온라인 커뮤니티 '예술가 독립 협회'를 주재해 같은 생각을 가진 사람들을 늘려 나갔습니다. 그리고 애플이나 옥스퍼드 대학 출판국 고문으로도 일하면서 충분한 자산을 손에 넣은 탕펑은 '지금이야말로 공공의 이익을 위해 몸을 던져야 할 때다. 앞으로의 시간을 이 일에 바치자'라고 생각하게 되었습니다. 해바라기 학생 운동에서 얻은 교훈을 바탕으로 대만에서는 정부의 정책 중에 의견이 대립될 만한 건에 대해서 사전에 시민의 의견을 듣는 'vTaiwan'이라는 조직이 탄생했습니다. 그리고 이 조직을 주도한 사람이 국민당 디지털 담당 정무위원이었던 바오 초이(Choy Yuk-Ling)였으며 탕펑은 이에 협력했습니다.

2016년 민주진보당 차이잉원 총통 하에서 새로운 디지털 담당 정무위원으로 취임한 탕펑은 '오픈 정부'를 목표로 해서 활동을 계속해 나갔습니다. 동시에 인터넷상의 '허위 정보(가짜뉴스)'에 대처하는 데 힘을 쏟았습니다. 인터넷 사회가 발전함에 따라 가짜뉴스가 증가하고 이에 속는 사람들도 덩달아 늘어나고 있었기 때문입니다.

❓ 당신의 선택은?

여러분의 회사나 서비스가 만약 가짜뉴스로 어려운 상황에 직면해 있다면 어떻게 하겠습니까?

❗ 이렇게 해결해라!

탕펑은 '인터넷상에 가짜 정보가 넘쳐흐르더라도 한 시간 내에 유머를 곁들인 진짜 정보를 업로드한다면 가짜 정보보다 더 빠르게 퍼져나갈 것이며, 사람들도 정확한 정보를 신용할 것이다'라고 생각했습니다. 이것이 바로 '빠르게(Fast), 공평하게(Fair), 유머를 곁들인(Fun)이라는 세 개의 F' 대처 방법입니다.

예를 들어 '7일 이내에 염색과 펌을 하면 벌금이 부과된다'는 가짜 뉴스가 퍼졌을 때 대만 정부의 '페이크 인포메이션 조사실'에서는 행정원장의 페이스북에 젊은 시절 사진과 지금 사진 두 장을 업로드한 다음 이렇게 투고했습니다.

'나는 현재 머리카락이 없지만 그렇다고 해서 다른 사람들에게 벌을 주지는 않는다. 무엇보다도 1주일 이내에 머리 염색과 파마를 하면 머리가 상해서 나처럼 될 것이다' - "이처럼 유머를 곁들인 광고는 모두가 즐겁게 볼 것이고 파급력이 있기 때문에 가짜 뉴스에 강력하게 대응할 수 있습니다."라고 탕펑은 말했습니다. 이는 다른 나라에서 상상하기 힘든 공격적인 대처입니다.

이러한 환경을 정비하는 것이 탕펑의 역할이며, 그 선두에는 '모두가 겪는 문제를 다 같이 해결하는' 열린 정부가 있습니다. 코로나 상황에서 '마스크 업(6,000개소 이상의 판매처에서 보유한 마스크 재고가 3분마다 자동 갱신되는 애플리케이션)' 애플리케이션을 제작할 수 있었던 것 역시 ① 정부에서 정보를 공개하고 ② 문제에 관심을 가진 모두가 해결을 위해 행동하는 시스템이 있었기에 가능했습니다.

기업의 벽

인터넷은 편리한 도구이지만 때때로 사람이나 사회에 해를 끼칩니다. 적절하게 대응하지 못하면 되돌릴 수 없는 사태에 빠질 수도 있습니다. 탕평이 말한 '세 개의 F'를 기억해 두면 좋을 것입니다. 또한 그렇게 행동하기가 쉽지는 않겠지만 견디기 어려운 환경에서도 세상을 증오하지 않고 사회를 좋은 방향으로 바꾸려고 한 탕평의 자세에서도 배워야 할 점이 있습니다.

40

"자신 있게 결정한 선택이
주위로부터 비판을 받는다"

워런 버핏(버크셔 해서웨이 회장)

Warren Edward Buffett

　워런 버핏은 '세계 최고의 투자가'라고 불리며 '오마하의 현인'으로 많은 사람들의 존경을 받고 있습니다. 2020년 8월에 일본 5대 상사에 투자한 것이 큰 화제가 될 정도로 90세가 지난 지금도 엄청난 영향력을 발휘하고 있는 것을 보면 버핏의 대단함을 실감할 수 있습니다.

　버핏이 처음으로 주식에 투자한 것은 11세 때였습니다. 6세의 나이에 추잉껌이나 코카 콜라를 판매해서 벌어들인 120달러를 가지고 주식을 구매했으며 겨우 수 달러를 벌어들였습니다. 이때 버핏이 배운 것은 '구매한 당시의 주식에 구애되어서는 안 된다', '서둘러 작은 이익을 획득하려고 해서는 안 된다'는 교훈이었습니다. 버핏은 어린 시절에 실천을 통해 배운 이러한 교훈과 원리 원칙을 성인이 되고 성공을 거둔 다음에도 계속해서 지켜나갔습니다. '사용하는 비용은 수입보다 적어야 한다'거나 '복리를 적용하는 법'도 일찍부터 중요하게 여겼던 습관입니다.

이윽고 '평생의 스승'이라고도 할 수 있는 벤저민 그레이엄을 만난 버핏은 아버지의 증권 회사와 그레이엄의 회사에서 일을 한 이후에 당시로서는 드물게도 시골 마을인 오하마에서 주식 투자만으로 생계를 꾸려나가는 자영업자의 길을 시작했습니다. 버핏은 존경할 수 있는 사람 밑에서 일하거나 그것이 불가능하다면 독립을 선택한 것입니다. 뛰어난 사람과 교류한다면 자신도 발전할 수 있지만 시시한 사람들과 어울리면 순식간에 추락해버린다는 것이 그가 인간관계에 대해 가지고 있던 원칙이었습니다. 그리고 아무리 돈이 중요하다 하더라도 소중하고 신뢰할 수 있는 사람과의 인연은 끊지 않겠다는 것 역시 버핏이 중요하게 생각해 온 원칙이었습니다.

버핏은 ① 단기 매매를 하지 않으며 좋은 주식을 적당한 가격에 구매해서 장기 보유한다 ② 주가에 일희일비하지 않고 사업의 내면에 주목한다 ③ 분산 투자 형식이 아니라 우량 기업에 집중 투자한다 ④ 자신이 진정으로 이해할 수 있는 사업에만 투자한다는 철학을 가지고 있었습니다. 이러한 철학은 월가의 생각과는 명백하게 구별되는 것들이었습니다.

버핏은 그중에서도 '능력의 범위'라고 표현한 자신이 잘 알고 있는 분야에 한정지어 투자하는 규칙을 매우 중요시했습니다. 그렇기 때문에 급성장하는 인기 IT 주식과 같은 분야는 쳐다보지도 않았고 자신이 제대로 이해할 수 있으며 어떤 환경에서도 성장을 기대할 수 있는 기업에만 투자했습니다. 그래서 투자가나 비평가들에게 자주 '시대에 뒤처진 사람', '괴기의 상징'이라고 통렬하게 비판받기도 했습니다.

예를 들어 인텔이 설립되었을 때 버핏이 이사를 역임하고 있던 대학 재무 위원이 해당 회사에 투자하기로 결정했습니다. 버핏은 위원으로서 찬성표를 던지기는 했지만 개인적으로 투자하지는 않았습니다. 그 후 인텔의 성장을 보면 버핏은 막대한 부를 손에 넣을 기회를 놓친 셈이 됩니다. 이러한 일들이 자주 발생했기 때문에 앞서 말한 것처럼 동업자들이나 매스컴의 야유를 받곤 했습니다.

❓ 당신의 선택은?

확신을 가지고 결단 내린 일이나 행동에 대해 주변이 '잘못되었다', '그런 방법은 구식이다'라는 비판과 조소를 보낸다면 어떻게 느낄 것입니까? 불안해져서 자신의 생각이나 행동을 재검토하겠습니까? 아니면 자신이 옳다고 생각해서 전혀 귀를 기울이지 않겠습니까?

버핏 본인은 인텔 건에 대해 '실패'라고 생각하지 않았습니다. 왜냐하면 버핏이 생각하기에 실패란 자신이 잘 알고 있는 분야의 기업, 다시 말해 능력 범위 안에 있는 기업에 투자할 절호의 기회가 있었음에도 불구하고 투자하지 않은 경우에 해당하는 것이며 능력 범위 밖에 있는 기업에는 투자하지 않는 것이 원칙이자 당연한 일이었기 때문입니다.

투자의 세계에서는 방망이조차 휘두르지 않고 멍하니 삼진을 당하는 일은 없습니다. 가장 자신 있는 볼을 기다리다가 그런 볼이 날아 왔을 때만 방망이를 휘두르면 된다는 것은 버핏이 어렸을 때부터 변함없이 유지해 온 생각이었습니다. 그러나 월가의 사람들이나 전문가들은 테크놀로지 관련 기업이나 IT 기업에 투자를 고려조차 하지 않는 데 의문을 표했으며 버핏을 가차 없이 비판했습니다.

❗ 이렇게 해결해라!

그렇지만 이러한 역풍 속에서도 버핏은 결코 자신의 신념을 굽히지 않았습니다. 중요한 것은 주변 사람들이 어떻게 말하느냐가 아니라 자신이 옳다고 확신하고 있는지의 여부였습니다. 그리고 그렇게 판단할 수 있는 것은 고집스러워서가 아니라 본인의 내면에 명확한 행동 방침과 판단 기준이 있기 때문이었습니다.

6개월, 1년의 시간이 흐르는 동안 반짝 유행하던 주식의 주가가 점점 떨어지고, 많은 사람들이 손해를 입는 와중에 버핏은 착실히 이익을 냈습니다. 그래서 '역시 버핏의 말이 맞았다'는 재평가를 받게 되었습니다.

이러한 혜안 때문에 빌 게이츠가 그에게는 다른 사람보다 좀 더 먼 미래를 내다볼 수 있는 재능이 있다고 말할 정도였으며 버핏은 자신의 방법을 관철해 사상 최초로 투자만 가지고 자산 100조 원을 돌파한 전설의 투자가가 되었습니다.

유행에 편승하지 않는다는 것 자체가 흐름이 빠른 현대 비즈니스 분야에서는 기이하게 보일 수 있습니다. 그렇게 하다가 실패를 하거나 혹은 손해를 입은 것처럼 보이면 시선은 더욱 따가워질 것입니다. 여기에 비난까지 받게 되면 당연히 괴로울 수밖에 없습니다. 그러나 버핏의 사례를 본다면 중요한 것은 자신이 옳다고 믿는 근거가 있는지의 여부임을 알게 됩니다. 본인 안에 명확한 근거나 판단 기준이 있고 그것을 확신한다면 자신의 의지를 관철해야 할 것입니다.

"돈도 인맥도 없다.
가진 건 꿈뿐"

스티브 잡스(애플 창업자)

Steven Paul Jobs

스티브 잡스는 1955년 2월 24일에 태어났으며, 태어나자마자 바로 폴 잡스와 클라라의 양자가 되었습니다. 두 사람은 잡스를 소중하게 키웠지만 그는 유소년기에 짓궂은 장난만 치는 문제아였습니다. 그런데 초등학교 4학년 때의 담임선생님이 잡스의 숨겨진 재능을 발견했습니다. 선생님 밑에서 배움의 즐거움을 깨닫게 된 잡스는 "인간에게는 기회가 평등하게 찾아온다. 평등한 기회란 무엇보다 '뛰어난 교육'이라고 생각한다."며 교육에 대한 강한 애착과 신념을 표현했습니다. 고등학교에 진학한 잡스는 후에 함께 애플을 창업하는 스티브 워즈니악과 만났으며 자신들의 가능성을 깨닫게 됩니다.

잡스는 1972년에 명문 리드 대학에 진학했지만 불과 반 년 만에 자퇴했습니다. 그는 고향으로 돌아가 아타리라는 게임 회사에서 일하기도 하고 인도에 다녀오기도 했습니다. 그 무렵 즈음에 최초의 개인용 컴퓨터라고 할 수 있는 컴퓨터 키트인 알테어가 등장했습니다. 잡스는 컴퓨터를 좋아하는 사람들이 모인 홈 브류 컴퓨터 클럽에 기입했고, 워즈니악이 만든 애플I을 보고는 '우리가 직접 만들어서 팔아보자'고 제안했습니다. 그렇게 1976년 4월에 그들은 애플 컴퓨터(이하 애플)를 설립하게 되었습니다. 다만 자본이 문제였습니다. 자동차나 전자식 탁상 계산기를 제조, 판매해서 만든 1,000달러의 자본 밖에 가지고 있지 않던 회사가 대규모 컴퓨터 가게를 경영하고 있던 폴 테렐에게 애플I 50대, 도합 2만 5,000달러나 되는 주문을 받은 것입니다. 이는 잡스의 뻔뻔스럽다고까지 할 수 있는 영업력 덕분이었습니다. 홈 브류에서 워즈니악이 애플I을 소개했을 때 테렐은 친분이 없었던 잡스에게 '상황을 알려주길 바란다'라고 말을 건넸습니다. 잡스는 다음날 즉시 테렐을 방문했고 상담이 이루어졌습니다. 이것은 워즈니악이 '애플 역사에서 가장 중요한 에피소드'라고 말할 정도였습니다. 하지만 잡스와 워즈니악에게는 부품을 구매할 비용이 없었습니다.

❓ 당신의 선택은?

일을 진행하고 싶고, 진행해야만 하는데 금전적인 문제나 납기 문제로 '아무리 고민해 봐도 불가능한' 상황이라면 여러분은 어떻게 하겠습니까? 먼저 자본을 확보하거나 납기를 조정해야겠다고 생각하겠습니까?

부품을 판매하는 전문 사업자를 방문한 잡스에게 판매자는 '정말 주문을 한 것이 맞는지 테렐에게 확인해 봐야겠다'라고 대답했습니다. 그저 내쫓기 위한 말에 지나지 않았지만 잡스는 '전화를 할 때까지 돌아가지 않겠다'라고 끈질기게 버텼으며, 결국 다음 달 말에 지급하는 조건으로 2만 달러의 부품을 받기로 했습니다. 그리고 조립 업자들까지 설득해서 후불로 일을 의뢰해 돈이 없는 상황에서도 재료 발주에 훌륭히 성공했습니다.

❗ 이렇게 해결해라!

오로지 끈기 있게 버티는 것. 교섭이 성립할 때까지 돌아가지 않는 것. 잡스다운 행동이지만 평범한 사람들이 하기엔 간단하면서도 꽤나 어려운 이 방법이 잡스의 해결책이었습니다.

애플Ⅰ으로 작은 성공을 거둔 잡스는 워즈니악이 만든 애플Ⅱ에서 더 큰 성공을 바랐습니다. 목표로 한 것은 조립을 할 필요가 없고 케이스에 넣어서 포장되어 있는 가전제품처럼 만들어진 컴퓨터였습니다. 그 이유는 '자신의 컴퓨터를 직접 조립하고 싶다고 생각하는 하드웨어 애호가가 한 명 있다면, 조립은 불가능하지만 프로그래밍 정도는 해보고 싶다고 생각하는 사람이 천 명은 된다'고 믿고 있었기 때문입니다.

그러나 이를 위해서는 막대한 비용이 필요했습니다. 그래서 케이스를 만들고 홍보를 하기 위한 자금을 출자할 사람을 찾기 시작했습니다. 잡스는 이번에도 끈질기게 물고 늘어져 거래를 시작한 광고 대리점을 통해 소개받은 돈 발렌타인을 만나러 갔습니다. 돈 발렌타인은 후에 세쿼이아 캐피털을 설립하는 투자가입니다.

그러나 발렌타인은 잡스에게 "이야기를 할 마음조차 들지 않는다."고 대답했습니다. 그러자 잡스는 "대신 몇 명 정도 추천을 해 줬으면 한다."라고 요청했고, 그로부터 일 주일 동안 하루에도 몇 번씩 발렌타인에게 전화를 걸었습니다. 잡스의 끈기에 져버린 발렌타인은 세 명의 투자가를 소개했으며 그중 한 명이 기존 인텔의 마이크 마쿨라였습니다. 애플Ⅱ에 매료된 마쿨라는 막대한 자금을 제공한 것뿐만 아니라 회사의 향후 비전을 그렸습니다. 그리고 잡스에게 '성공하고 싶다면 성공한 기업처럼 행동하라'라는 점을 가르쳐 주었습니다.

잡스의 계획대로 애플Ⅱ는 폭발적으로 판매되었으며, 전 세계에 개인 컴퓨터 혁명을 일으켰습니다. 애플은 1980년 12월에 주식을 공개했고 잡스는 2억 달러가 넘는 자산을 손에 넣었습니다.

비전과 열정이 있다면 '자본이나 인맥 어느 것 하나 가지고 있지 않은' 상황을 극복할 수 있다는 점을 잡스만큼 멋지게 증명한 사람은 없습니다. 반대로 비전이나 열정이 없다면 자본이 있다 하더라도 아무것도 이루어낼 수 없습니다. 곁에서 보고 있으면 깜짝 놀랄 정도의 뻔뻔스러움조차도 정열과 확신이 뒷받침된다면 대단한 결과를 낳을 수 있습니다. 안타깝게도 56세의 나이로 세상을 떠난 잡스이지만 그의 열정이 낳은 압도적인 이노베이션과 수많은 에피소드들은 앞으로도 영원히 언급될 것입니다.

42

"결과를 내는데도
평가도 급여도 오르지 않는다"

잭 웰치(제너럴 일렉트릭 전 CEO)

Jack Welch

　잭 웰치는 GE(제너럴 일렉트릭)의 전설적인 CEO입니다. 웰치는 GE에 입사한 때부터 '30세가 되기 전까지 연봉 3만 달러'를 받는 것을 목표로 내걸었으며, 입사 13년 차에는 'CEO가 될 것'이라고 분명한 목표를 세웠습니다. 그는 자신만만했고 야심가이기도 했습니다.

　웰치의 부모님은 부유하지는 않았습니다. 그러나 아들을 따뜻하면서도 엄하게 양육했습니다. 고등학교 시절에 아이스하키 캡틴이었던 웰치는 팀이 7연패하자 화가 치밀어 올라 스틱을 힘껏 던져버렸습니다. 그러자 어머니가 라커룸에 달려와 '대체 이게 무슨 짓이냐. 지는 법을 모른다면 아무리 시간이 지나도 승리할 수 없을 것'이라며 호되게 나무랐다고 합니다. 웰치의 어머니는 공부에도 엄격했습니다. 아들에게 '공부를 하지 않으면 쓰레기가 된다. 편하게 갈 수 있는 길은 이디에도 없다. 세상을 만만하게 봐서는 안 된다'라고 가르쳤습니다.

대학을 졸업한 웰치는 명문 GE에 취직이 결정되었지만 불과 1년 만에 퇴직을 생각했습니다. 그 이유는 연봉이 1,000달러 상승하긴 했지만 동료들 네 명의 연봉도 모두 같은 금액으로 인상되었다는 것을 알았기 때문입니다.

일반적으로는 입사 1년 차 정도라면 주변과 비슷한 금액으로 연봉이 상승하더라도 기뻐해야 할 터인데, 웰치는 규정대로 상승하는 월급을 참을 수 없었습니다. 웰치는 "내가 목표로 한 것은 '다른 사람들과 격차를 두는 것'이다."라고 말했습니다.

❓ 당신의 선택은?

'다른 사람들과 비슷한 대우를 받는 것은 부당하다'라는 생각이 든다면 여러분은 어떻게 하겠습니까? 다들 같은 상황이니까 어쩔 수 없다고 생각할 것입니까? 그런 상황이 여러분이 생각하는 것보다 더 낮은 평균치라면 어떻게 할 것입니까?

일반적인 무리에서 탈피하려고 한 웰치는 1년 차부터 다른 사람들보다 두 배나 열심히 일했으며 항상 상사의 기대치 이상의 성과를 냈습니다.

그럼에도 불구하고 남들과 동일한 평가를 받았다면 더는 그런 회사에 머무를 이유가 없다고 생각했습니다. 상사에게 추가로 연봉

2,000달러 상승과 권한 강화를 약속받고 퇴직을 단념한 웰치는 이후 '다른 사람들과 격차를 둔다'는 생각을 항상 염두에 두게 되었습니다. "이기는 팀은 차별화를 두는 데서 탄생한다. 유능한 인재를 우대하고 무능한 사람을 배제하며 항상 절차탁마해 목표 허들을 높여 나가야 한다."라는 말을 남기기도 했습니다.

언제나 최고의 자리를 목표로 달린 웰치는 1981년에 46세의 젊은 나이로 GE 역사상 최연소 회장 겸 CEO로 취임했습니다. GE는 발명왕 토머스 에디슨에게서 유래한 오랜 역사를 자랑하는 명문 기업입니다. 당시 GE는 350개의 사업을 보유하고 43개의 사업 분야로 나뉘어 있었으며 전자레인지 같은 가전제품부터 반도체 실리콘 칩, 원자로 등 정말 다종다양한 분야를 다루었습니다. 그러나 모든 분야의 일이 다 순조롭게 진행된 것은 아니었습니다. 사실 불과 15개 분야에서 수익의 90%를 벌어들이고 있는 상황이었습니다.

'라이벌들과 격차를 둔다'는 마인드를 통해 GE를 최강의 기업으로 만든 웰치는 비즈니스 세계에서 살아남는 것은 강자들뿐이며 약자는 사라진다는 사실을 알고 있었기 때문에 사업에서 선택과 집중을 해야 했습니다. 웰치는 살아남을 수 있는 기업은 다음 세 기업밖에 없다고 말했습니다.

① 업계 1위나 2위를 철저히 분석하여 최고의 효율과 낮은 비용을 실현한 고품질 제품과 서비스를 제공하는 세계적 기업
② 타사와 격차를 둔 우수한 기술을 보유하고 있는 기업
③ 직접 뛰어든 니치 마케팅으로 우위성을 발휘할 수 있는 기업

우수한 사업만 남기고 나머지는 버리기로 한 웰치의 방침에 반대하는 사람들도 많이 있었습니다. 그늘은 3위나 4위에서 어느 정도의 이익을 내고 있었던 사업이 '1, 2위가 아니라는' 이유로 버려져야 한다는 것을 이해하지 못했습니다.

! 이렇게 해결해라!

그러나 웰치는 그런 말에 귀를 기울이지 않았습니다. 그는 GE의 핵이 되는 하이테크 사업, 서비스 사업과 같이 21세기로 이어지는 사업을 중심으로 개편하기 시작했습니다. 그 결과 117개의 사업과 제품 분야를 해체하는 한편, 160억 달러의 신규 투자도 실시했습니다. 해체한 수도, 새로 시작한 투자 수도 대단히 놀라운 규모였습니다.

"시장에서 4위나 5위에 머무르고 있다면 1위가 재채기만 해도 폐렴에 걸리고 만다. 그러나 1위라면 자신의 운명을 결정할 수 있다."

'1위 또는 2위' 전략을 통해 GE는 세계 최고의 기업으로 불리게 되었으며 웰치는 99년에 경제지 《포춘》에서 선정한 '20세기 최고 경영자'가 되었습니다. 이러한 업적은 모두 신입 사원 당시에 세웠던 '다른 사람들과 격차를 둔다'는 목표와 자신의 신념을 관철한 결과입니다.

만약 여러분이 집단에서 두각을 드러내고 싶다면 성과를 내는 것은 물론이고 상황에도 철저히 주의를 기울여야 합니다. '다른 사람들과 같은' 정도니까

기업의 벽

어쩔 수 없다거나 '다들 하고 있는 일'이니까 이 정도면 된다고 생각한다면 두각을 드러내기란 어려울 것입니다. 그러한 생각을 가지고 있다면 압도적인 성과를 거둘 수 없습니다. 나이가 어리다면 모난 돌이 정 맞는 일이 일어날 수도 있고, 리더가 된 경우라면 주변의 거센 반대에 직면할 때도 있을 수 있습니다. 그렇지만 쉽지 않은 일이나 어려운 상황이 눈에 보이는 길을 피하기만 해서는 안됩니다. 그런 길을 통과해 낸 사람이라면 반드시 '두각을 드러내는' 성과를 얻을 수 있을 것입니다.

43

"도전하고 싶은 마음이 들었을 때
60대 중반이었다"

커널 샌더스(켄터키 프라이드치킨 창업자)

Harland David Sanders

'커널 샌더스('커널'은 켄터키 주에 공헌한 사람에게 주어지는 '켄터키 커널'이라는 명예 칭호)' 할랜드 데이비드 샌더스는 1890년에 삼 형제 중 장남으로 태어났습니다. 6세일 때 정육점을 운영하던 아버지가 사망하면서 어머니가 아들 셋을 부양하기 위해 통조림 공장에서 일하기 시작했습니다. 그리고 장남 샌더스가 어머니 대신 가사를 담당했습니다. 이때 샌더스는 자신이 요리를 좋아한다는 것을 깨닫게 되었습니다. 샌더스는 초등학교에 다니면서 농장에서 일했는데, 고된 노동을 하면서 열심히 일하는 것의 중요성을 깨닫게 되었습니다.

12세의 나이에 어머니가 재혼을 했고 생활이 좀 더 나아질 것이라 생각했지만 의붓아버지와 사이가 험악해지면서 샌더스는 14세의 나이에 중학교를 그만두고 집을 나갔습니다. 그 이후 40여 개나 되는 직업을 전전한 후 30대 후반에 주유소(켄터키 주 니콜라스 빌딩)를 경영하기 시작했지만 1929년 세계 공황 파동의 영향으로 도산하고 말았습니다. 불운하긴 했지만 어쨌든 열심히 일하자는 것이 당시 샌더스의 신조였습니다.

샌더스의 그러한 성실한 모습을 높이 평가한 석유회사 쉘 오일에서는 샌더스에게 1930년에 켄터키 주 코빈에 새롭게 건설한 주유소 경영을 맡겼습니다. 주유소는 장사가 잘 되었지만 어느 날 샌더스는 '자동차에 휘발유가 필요한 것처럼 고객들에게는 맛있는 식사가 필요하다'라고 느꼈습니다.

이 아이디어를 실현하기 위해 샌더스는 주유소 옆 작은 헛간을 개조해서 테이블 하나와 의자 여섯 개를 두고 '샌더스 카페'를 영업했습니다. 이 카페에서는 프라이드치킨, 햄, 콩과 비스킷 같은 다양한 먹거리를 판매했습니다. 위생에도 신경을 썼고 요리를 정성스럽게 만들기 위해 노력을 기울이자 샌더스 카페는 입소문을 타기 시작했으며 많은 손님들이 방문하게 되었습니다.

'자동차에는 휘발유를, 손님에게는 맛있는 식사'를 제공한다는 아이디어에 자신감을 가지게 된 샌더스는 서서히 사업을 확장했고 1941년에 당시로서는 대규모인 142개의 좌석을 가진 '샌더스 카페'를 건설했습니다. 샌더스 카페의 메인은 1939년에 완성한 11종류의 비전의 향신료와 100% 식물성 기름을 사용해 압력솥에서 튀겨 낸 '켄터키 프라이드치킨'이었습니다. 그러나 그로부터 10년 남짓 후에 샌더스는 다시금 불행한 상황에 빠지게 되었습니다. 새로운 고속도로가 만들어지면서 교통의 흐름이 바뀌게 되어 가게를 유지할 수 없게 된 것입니다. 샌더스는 이때 이미 60세의 나이였습니다.

? 당신의 선택은?

기껏 아이디어가 궤도에 올랐는데 어떻게 할 수 없는 외부 요인으로 인해 가게를 계속 경영할 수 없게 되었습니다. 만약 여러분이 샌더스의 입장에 놓였다면 어떻게 하시겠습니까? 여러분의 나이는 60세여서 도전보다는 은퇴를 선택하는 편이 일반적입니다.

샌더스는 모든 것을 포기하려고도 생각했습니다. 하지만 '어떤 상황에 놓여도 내가 먼저 포기하려고 하지는 않겠다. 무엇을 할 수 있는지 찾아서 평생 일하겠다'라고 결심했습니다. 그리고 그의 머릿속에는 '프라이드치킨'이 떠올랐습니다.

! 이렇게 해결해라!

지금까지와 같은 방식으로 프라이드치킨을 팔기 위해서는 레스토랑이 필요하지만 커널에게 그럴 경제적 여력은 없었습니다. 그래서 자신의 레스토랑을 운영하지 않으면서 프라이드치킨으로 비즈니스를 하기 위해서는 자신만의 프라이드치킨 제조법을 다른 레스토랑에 판매하는 방법밖에는 없다고 생각했습니다.

1956년에 66세가 된 샌더스는 샌더스 카페 운영을 중단했습니다. 66세의 샌더스의 수중에 남은 것은 약간의 돈과 중고차 그리고 프라이드치킨 레시피뿐이었습니다. 본격적으로 프랜차이즈를 전개하기 위해서는 전국의 수많은 레스토랑을 방문해서 프라이드치킨의 맛을 소개하는 방법밖에 없었습니다.

샌더스는 중고 포드 자동차에 압력솥과 향신료를 넣은 병을 싣고 여행에 나섰습니다. 그러나 계약은 쉽게 체결되지 않았습니다. 그는 비용 절약을 위해 자동차 안에서 잠을 자고 샘플로 만든 프라이드치킨으로 식사를 하는 생활을 계속했습니다. 당연한 말이지만 60대 중반인 샌더스에게는 너무나 힘든 생활이었습니다. 그렇지만 벗들의 지원을 받고 다양한 아이디어를 모아서 여러 레스토랑을 계속 방문한 끝에 첫해에 일곱 군데 레스토랑과 계약을 체결하는 데 성공했습니다. 4년째 되는 해인 1960년에는 미국에서 200개, 캐나다에서 6개의 프랜차이즈 매장이 탄생했습니다.

1964년, 샌더스가 74세가 되었을 때 회사는 미국 최대의 프랜차이즈 레스토랑으로 성장했고 샌더스는 연간 이익 37만 달러에 달하는 프랜차이즈 권리를 200만 달러에 더해 매년 4만 달러를 지불하는 조건으로 매각했습니다.

샌더스는 그 후에도 '맛의 친선대사'로 불리며 전 세계를 순회했습니다. 그는 '그 당시에 인생을 포기하지 않아서 다행이다'라고 여러 차례 회고하면서 노년에는 "무엇을 시작하든 간에 0에서 시작하는 것이 아니다. 실패나 낭비라고 생각한 것들도 포함해서 지금까지의 인생에서 배운 것들을 결코 낮게 평가할 필요가 없다."고 말했습니다.

언젠가 새로운 일에 도전해 보고 싶지만 자금이나 특별한 노하우도 없고 나이를 생각하면 더욱 어렵게 느껴지는 날이 올 수도 있습니다. 그럴 때 샌더스의 사례를 떠올려 보시기 바랍니다. 자신에게 아무것도 없다는 이유로 도전하지 않는 것은 손해입니다. 나이 역시 도전을 포기하게 만드는 이유가 될 수는 없습니다. 자신에게 닥치는 불행조차도 반드시 마이너스가 되는 것은 아님을 샌더스의 성공에서 배울 수 있습니다.

"더 나은 선택을 위하여"

더 나은 인생을 살아가기 위해서는 좋은 스승, 좋은 롤 모델과 만나는 것이 가장 이상적입니다. 하지만 지금은 이전처럼 가까운 인간관계가 많이 사라져가고 있기 때문에, 학생 시절에도 그리고 사회생활을 하면서도 좋은 스승을 만나기란 점차 어려워지고 있습니다.

그럴 때 직접 만난 적은 없지만 자신이 동경하는 사람이나 존경하는 사람을 떠올리면서 '이럴 때 그 사람이라면 어떻게 했을까'라고 자문해 보면 답을 발견할 수 있는 경우도 있습니다.

저 역시도 스티브 잡스에 관한 책을 여러 권 집필할 때 '만약 잡스가 상사였다면', '만약 잡스가 동료였다면'이라고 마음대로 상상의 나래를 펼쳐 본 적이 있습니다. 이러한 질문들은 때로 새로운 아이디어로 연결되기도 하고 때로는 이미 가지고 있던 자신의 결의를 보다 견고하게 만들어주기도 했습니다.

이 책 서두에서도 언급한 것처럼 인생이란 선택의 연속이며 지금의 나 자신은 과거에 한 선택의 결과입니다. 그렇다고 한다면 앞으로 직면할 문제나 고민에 대해 가능한 한 좋은 신택을 해야만 더 나은 인생이나 비즈니스로 이어질 것입니다. '더 나은'이라는 것은 단순히 '이것을 선택하는 편이 더 이득이 된다'는 의미가 아닙니다.

여러분들은 아시겠지만 지금까지 소개한 기업가들은 때로 생각지도 못한 선택을 하기도 했습니다. 성공할 확률이 너무나 낮고 막대한 리스크가 있는 경우나, 주변의 모든 사람들이 반대하는 일을 대담하게 선택한 것이 성공으로 이어지는 길을 열어 주었습니다. 그런 의미에서도 선택이란 어렵지만 대단히 소중하다는 것을 잘 알 수 있습니다.

여러분들은 앞으로 다양한 선택을 하게 되실 것입니다. 그럴 때 반드시 본인의 열정과 마음에 따라 좋은 선택을 하실 수 있기 바랍니다. 그러한 과정에서 이 책이 조금이라도 도움이 된다면 그보다 더 행복한 일은 없을 것입니다.

밑도 끝도 없이 세계 최고 CEO와 같은 결단을 내리기는 쉽지 않겠지만 그들의 행동 지침이나 열정으로 가득 찬 모습을 알게 되고, 그들이 직면한 고민을 간접 체험한 것은 분명 여러분의 인생이나 비즈니스에도 좋은 영향을 미치리라 생각합니다.